NORDRHEIN WESTFÄLISCHE AKADEMIE DER WISSENSCHAFTEN

Nordrhein-Westfälische Akademie der Wissenschaften

Geisteswissenschaften Vorträge · G 344

Herausgegeben von der
Nordrhein-Westfälischen Akademie der Wissenschaften

GÜNTHER JAKOBS

Die strafrechtliche Zurechnung von Tun und Unterlassen

Westdeutscher Verlag

388. Sitzung am 13. Dezember 1995 in Düsseldorf

Die Deutsche Bibliothek – CIP-Einheitsaufnahme

Jakobs, Günther:

Die strafrechtliche Zurechnung von Tun und Unterlassen / Günther Jakobs
– Opladen: Westdt. Verl., 1996

(Vorträge / Nordrhein-Westfälische Akademie der Wissenschaften:
Geisteswissenschaften; G 344)
ISBN 978-3-663-01789-9 ISBN 978-3-663-01788-2 (eBook)
DOI 10.1007/978-3-663-01788-2

NE: Nordrhein-Westfälische Akademie der Wissenschaften ‹Düsseldorf›:
Vorträge / Geisteswissenschaften

Der Westdeutsche Verlag ist ein Unternehmen der Bertelsmann Fachinformation.

Herstellung: Westdeutscher Verlag

ISSN 0944-8810
ISBN 978-3-663-01789-9

Inhalt

I. Formulierungen des Problems

A. Der liberale Ansatz: „ursprüngliche Verbindlichkeit" und „besonderer Rechtsgrund"

Das Produkt der Arbeit, der zielgerichteten Tätigkeit, gehört demjenigen, der es schuf. So lehrt LOCKE als Begründer der neuzeitlich mächtigsten Eigentumstheorie, der Arbeitstheorie: „Die Arbeit seines (des Menschen) Körpers und das Werk seiner Hände sind ... im eigentlichen Sinne sein Eigentum. Was immer er also dem Zustand entrückt, den die Natur vorgesehen und in dem sie es belassen hat, hat er mit seiner Arbeit gemischt und ihm etwas Eigenes hinzugefügt. Er hat es somit zu seinem Eigentum gemacht"[1]. Diese Arbeitstheorie des Eigentums ist keine Theorie der äußeren Welt, sondern eine Zurechnungstheorie: Auch wenn viele ein Arbeitsprodukt nutzen *wollen* und *können*, so *soll* doch allein dem Arbeitenden das Werk seiner Hände (oder das Werk dessen, den er für sich arbeiten läßt[2]) gehören; dieses Werk wird ihm als seine Leistung zugerechnet. Der Volksmund fügt die Umkehrung hinzu: Wer nicht arbeitet, soll auch nicht essen[3]. Wer über Produkte verfügen will, muß also arbeiten; Unterlassen produziert nichts.

Wie diese Sicht auf gute Arbeit angewandt wird, so gleichfalls auf böse. Auch als Prototyp des Bösewichts gilt nicht, wer die Hände in den Schoß legt und wartet, vielmehr, wer sich arbeitsam regt, freilich nicht in sozial nützlicher, sondern schädlicher Art und Weise. Es kommt hinzu, daß sich das Erfordernis sinnenfälliger Anwesenheit des Verbrechens im *corpus delicti* des gemeinen Inquisitionsprozesses[4] bei einem Unterlassen nur schwer erfüllen läßt; die Wunde verweist direkt auf den, der sie schlug, und allenfalls vermittelt auf ein Nicht-Hindern, mit anderen Worten, die Wunde verweist auf – freilich böse – Arbeit. So nimmt es nicht Wunder, wenn in der Theorie der strafrechtlichen Zurechnung die Unterlassung, diese verstanden als Nicht-Tun, über Jahrhun-

[1] Zwei Abhandlungen über die Regierung, hrsgg. von EUCHNER, übersetzt von HOFFMANN, 4. Auflage, 1989, S. 216f (Zweite Abhandlung V, § 27); etwa Aufsammeln von Früchten begründet nach diesem Verständnis nur Eigentum, weil es Arbeit ist, aaO. S. 217 (§ 28); zu den Grenzen siehe aaO. S. 218f (§ 31). Eingehend mit umfassenden Nachweisen BROCKER, Arbeit und Eigentum, 1992, S. 125ff.

[2] LOCKE (Fn. 1) S. 217 (§ 28): Auch was „mein Knecht" erarbeitet hat, gehört mir.

[3] Siehe 2. Thessalonicher 3,10.

[4] Siehe HALL, Die Lehre vom corpus delikti, 1933, S. 10f und passim.

derte nur eine periphere Rolle spielt[5], ja überhaupt nicht theoretisch durchdrungen, sondern an den wenigen Stellen, an denen es kein Vorbei gibt, nach Klugheitsregeln pragmatisch erledigt wird[6].

Die skizzierte Sicht hat allerdings zu keiner Zeit alles relevante Verhalten erfaßt, weder alle guten noch alle bösen Werke. Beispielhaft gesprochen: In knappen Zeiten war es eine Leistung, das Saatgetreide oder das Zuchtvieh über den Winter nicht als Nahrung zu verwenden, also etwas zu unterlassen, und was böse Werke betrifft, galt es wohl stets als verbrecherisch, wenn der Wächter seinen Herrn nicht vor Gefahr warnte, also etwas unterließ. Bei den ältesten Unterlassungsdelikten des römischen Rechts ging es um die Vernachlässigung von Amtspflichten[7]. Aber solche Vorkommnisse wurden als Randfälle behandelt, und praktisch mochte man so durchkommen; wenn das Strafrecht jedoch auch theoretischen, insbesondere dogmatischen Ansprüchen genügen soll, kann es bei dieser Sicht nicht bleiben.

Das etwa um 1800 einsetzende liberale Bestreben, das Strafrecht auf die Bedingungen der bürgerlichen Welt zu beschränken[8], diesen Schutz dann aber auch effektiv auszugestalten, führt zu einer allgemeinen Theorie strafbarer Tätigkeit wie Untätigkeit, also zu einem theoretisch begründeten allgemeinen Teil des Strafrechts, wie er heute geläufig ist oder doch sein sollte. Dabei besteht sogleich ein besonderer Anlaß, die Haftung für Unterlassung restriktiv auszugestalten; denn wenige Zeit vorher hat das Preußische Allgemeine Landrecht (1794) einen Grundsatz positiviert, der liberalem Staats- und Gesellschaftsverständnis kraß widerstreitet und die Bestrafung von Unterlassungen aufwertet. Es heißt dort gleich zu Beginn der „Allgemeine(n) Grundsätze des Rechts" (§ 73 Einleitung ALR): „Ein jedes Mitglied des Staats ist, das Wohl und die Sicherheit des gemeinen Wesens, nach dem Verhältnis seines Standes und Vermögens, zu unterstützen verpflichtet." Den gemeinen Nutzen als Staatsziel hatte zuvor CHRISTIAN WOLFF formuliert. Nach seiner Lehre ist der Mensch nicht nur moralisch „verbunden, dem andern mit seinem Vermögen, seiner Arbeit, seiner Hilffe und seinem Exempel vielfältig zu die-

5 Zum kanonischen Recht KUTTNER, Kanonistische Schuldlehre von Gratian bis auf die Dekretalen Gregors IX., 1935, S. 43ff.

6 DAHM, Das Strafrecht Italiens im ausgehenden Mittelalter, 1931, S. 179ff; SCHAFFSTEIN, Die allgemeinen Lehren vom Verbrechen in ihrer Entwicklung durch die Wissenschaft des gemeinen Strafrechts, 1930, S. 56ff; siehe auch JASCHINSKI, Die Entwicklung des Begriffs ‚Erfolg' in § 13 Abs. 1 StGB, 1995, S. 26ff. – Ein entsprechendes Defizit für die heutige soziologische Theoriebildung konstatiert GESER, Kölner Zeitschrift für Soziologie und Sozialpsychologie, 1986, S. 643ff, 644f.

7 HONIG in: GMELIN u. a. (Hrsg.), Festgabe für Richard Schmidt, 1932, S. 3ff, 7f.

8 „Rechtsgüterschutz"; dazu AMELUNG, Rechtsgüterschutz und Schutz der Gesellschaft, 1972, S. 15ff.

nen"[9]; auch rechtlich, „im gemeinen Wesen", muß „man darauf bedacht seyn, wie man einen jeden dazu bringe, daß er nichts vornehme, was der gemeinen Wohlfahrt und Sicherheit zuwieder ist, noch unterlasse, was dazu dienlich befunden wird"[10]. Ein solches Staatsziel bildet das Einfallstor für Pflichten zu wechselseitiger tätiger Fürsorge und bedroht liberale Prinzipien um so stärker, als eine strafrechtsdogmatische Theorie, die es binden könnte, dem preußischen ALR fehlt.

Zwar findet sich im genannten Gesetzeswerk bereits eine Vorschrift über Unterlassungen im Allgemeinen Teil des Strafrechts. „Auch durch freye Unterlassung dessen, was die Gesetze von jemandem fordern, begehet derselbe ein Verbrechen" (§ 8 II 20). Aber mit einer solchen Formel läßt sich das Problem nicht erledigen, wie eine umfangreiche Kasuistik im Besonderen Teil belegt. Zur Verdeutlichung folgen – in tumultuarischer Reihenfolge – einige Beispiele solcher besonderen Vorschriften, die freilich keineswegs sämtlich liberalen Prinzipien widerstreiten:

Ausdrücklich für strafbar erklärt werden etwa jedes Zuwiderhandeln der Diener des Staats gegen Amtsvorschriften, also auch vorschriftswidriges Unterlassen (§ 333 II 20), nachlässige Aufsicht derselben über Untergebene (§ 344 II 20), ferner als Jedermannstaten: Injurien durch Unterlassen (§ 583 II 20), Unterlassen lebensnotwendiger Hilfe gegenüber einer Person, die der Täter zuvor vorsätzlich verletzt hat (§ 818 II 20). – Zwei von mehreren elementaren Pflichten mit Tradition seien erwähnt; erstens: „Wenn eine Wöchnerin ihr Kind durch unterlassene Verbindung der Nabelschnur vorsätzlich verbluten läßt; oder demselben die nöthige Pflege und Wartung vorsätzlich entzieht: so wird sie als die Mörderin desselben angesehen" (§ 967 II 20); die zweite Pflicht betrifft die Bewachung des Feuers; hier nennt das Gesetz gleich eine ganze Serie von Unterlassungsdelikten (§§ 1557ff II 20). Solche und ähnliche Vorschriften finden ihre Ergänzung durch eine Flut strafbewehrter, sich den Vorschriften der Polizeidelikte (§§ 10f II 17) annähernder Normen gegen Unterlassungen in zahlreichen Lebensbereichen und, was Leben und Gesundheit betrifft, in einer Generalklausel: „Ein jeder ist schuldig, sein Betragen so einzurichten, daß er weder durch Handlungen, noch Unterlassungen, Andrer Leben oder Gesundheit in Gefahr setze" (§§ 691, 780f

[9] CHRISTIAN WOLFF, Vernünftige Gedancken von dem gesellschaftlichen Leben der Menschen und insonderheit dem gemeinen Wesen, 4. Auflage, 1736, § 1 (zitiert nach dem Neudruck von 1975).

[10] (Fn. 9) § 217; die „gemeine Wohlfahrt" ist „der ungehinderte Fortgang in Beförderung des gemeinen Bestens", das die Mitglieder des gemeinen Wesens „durch vereinigte Kräfte erhalten können" (§ 213).

II 20). Diese Vorschrift wird wiederum durch das – freilich nur mit einer geringen Strafe bewehrte – Gebot ergänzt, „einen Menschen aus der Hand der Räuber oder Mörder, aus Wasser- und Feuersnoth oder aus einer anderen Lebensgefahr" nach Möglichkeit zu retten (§ 782 II 20), was ausdrücklich, dies sei der Kuriosität halber vermerkt, auch auf „schleunige Hilfe" für „Scheintodte" ausgedehnt wird (§ 785 II 20).

Die genannten Beispiele wären ohne Hinzufügung einer Regelung im Allgemeinen Teil des Strafrechts des ALR nicht repräsentativ: Wer ein bevorstehendes schweres Verbrechen weder anzeigt noch hindert, soll, „wenn er einer zuverläßigen Wissenschaft des vorhabenden Verbrechens überführt werden kann", bestraft werden (§§ 80ff, 82 II 20). Diese Vorschrift findet sich bei der Regelung der „Teilnehmung an den Verbrechen Anderer" (§§ 64f II 20), was auf ihre Herkunft hinweist: Sie entstand aus der Haftung des Mitglieds eines Kollektivs für dessen sämtliche Taten, mußte dann freilich mit dem Vordringen des Prinzips, Strafe setze individuelle Schuld voraus, in Haftung für ein Unterlassen, eben für das Nicht-Hindern der Taten anderer, umgedeutet werden[11], in welcher Art sich noch im heute geltenden StGB eine Regelung findet (§ 138 StGB), wobei die ehemals wie heute gegenüber der schlichten unterlassenen Hilfeleistung (§ 782 II 20 ALR; § 323c StGB) erheblich höhere Strafe zu der Annahme berechtigt, es sollten – durchaus der Herkunft der Vorschrift konform – auch Fälle nicht beweisbarer Beteiligung oder doch sonstiger Solidarisierung mit dem Täter erfaßt werden.

Die Übersicht über die mit diesen Beispielen skizzierte Regelung wird noch durch höchst differenziert abgestufte Strafrahmen erschwert. Es verhält sich also keineswegs zwingend so, wie es im Allgemeinen Teil heißt (§ 8 II 20), daß nämlich die „freye Unterlassung dessen, was die Gesetze von jemandem fordern", stets dieselbe Rechtsfolge nach sich ziehe wie eine Begehung. Zwar führt, beispielhaft gesprochen, das pflichtwidrige Unterlassen der Versorgung der Nabelschnur durch die Mutter zur Strafe für Mord, aber nicht auch die Unterlassung der Hilfe gegenüber einem in Lebensgefahr Befindlichen durch irgendeine des Weges kommende dritte Person, obgleich auch diese Hilfe vom Gesetz gefordert wird. Offenbar werden die Regelungen des Besonderen Teils nicht von dem zitierten Programmsatz des Allgemeinen Teils generiert, sondern von einer sich ihrer strafrechtsdogmatischen Theorie nicht bewußten Praxis.

Die damit umrissene Rechtslage in Preußen ab 1794 wird bis in die Gegenwart in zweifacher Hinsicht problematisiert. Erstens geht es darum, in wel-

[11] Dahm (Fn. 6) S. 180; Schaffstein (Fn. 6) S. 57.

chem Umfang der Staat legitimiert ist, Gebote zur Förderung des Wohlergehens eines anderen oder des allgemeinen Nutzens aufzustellen, etwa jedermann bei – wenn auch nicht begehungsgleicher – Strafe zur Anzeige ihm bekannter Verbrechen oder zur Hilfe bei Not zu verpflichten; es geht also um die Grenze legitimer Staatsgewalt. Zweitens – und diese Frage stelle ich in den Vordergrund, ohne dabei die erste ausklammern zu wollen – ist zu entscheiden, wann genau eine Unterlassung, so sie pflichtwidrig ist und strafbar sein soll, wie ein Tun zu behandeln ist; man nennt diese Frage üblicherweise – mit noch zu kritisierender Ungenauigkeit – diejenige nach der Begehungsgleichheit der Unterlassung.

Die Antwort, die FEUERBACH kurz nach 1800 auf beide Fragen gibt, hat die Diskussion bis in die jüngste Zeit bestimmt. Für FEUERBACH ist Zweck des Strafrechts der Erhalt der Rechte des Staates wie des „Unterthans"; Straftat ist Rechtsverletzung[12]. „Die ursprüngliche Verbindlichkeit des Bürgers" soll nur darauf gehen, keine tätigen Rechtsverletzungen vorzunehmen. Eine Pflicht zur Vornahme von schadensabwendenden, also rechtserhaltenden Unternehmungen setzt bei diesem Verständnis mehr als die „ursprüngliche Verbindlichkeit", nämlich „einen besonderen Rechtsgrund" voraus, wohlgemerkt: einen *Rechts*grund, eine sittliche Verpflichtung reicht nicht hin[13]. FEUERBACH nennt als mögliche besondere Gründe ein Gesetz oder einen Vertrag[14]. Mit anderen Worten, tätige Rechtsverletzungen sind schon nach der „ursprünglichen Verbindlichkeit" sämtlich verboten, aber Rechtserhaltungen durch rettende Tätigkeiten sind nur in Sonderlagen geboten, dann aber auch mit einem Nachdruck wie beim Verbot. Beispielhaft gesprochen: Niemand darf einen anderen durch seine Tätigkeit töten oder verletzen, aber wenn sich dessen Leben oder Gesundheit bereits in Gefahr befinden, muß ihm nur von denjenigen geholfen werden, die besonders verpflichtet sind, von diesen freilich bei einer ansonsten drohenden begehungsgleichen Strafe für Tötung oder Körperverletzung. Die „ursprüngliche Verbindlichkeit" hat also einen hauptsächlich negativen Inhalt: Verletze nicht! Positives – Hilf dem anderen! – kann nur bei besonderem Grund hinzutreten.

Diese deutlich um Trennung einer liberal verstandenen Rechtssphäre von einer Moralsphäre bemühte Sicht FEUERBACHs beruht auf derjenigen KANTs. Auch das Recht als „Inbegriff der Bedingungen, unter denen die Willkür des

[12] Lehrbuch des gemeinen in Deutschland gültigen peinlichen Rechts, 11. Auflage, 1832, § 23.

[13] Schon GROTIUS läß eine „caritatis norma" nicht hinreichen; De iure belli ac pacis libri tres, hrsgg. von DE KANTER-VAN HETTINGA TROMP, 1939, Lib. II, Cap. XVII, § IX (freilich in zivilrechtlichem Zusammenhang).

[14] (Fn. 12) § 24; seit der 2. Auflage, 1803.

einen mit der Willkür des anderen nach einem allgemeinen Gesetze der Freiheit zusammen vereinigt werden kann“[15], hat einen negativen Inhalt, nämlich, den anderen nach dem allgemeinen Gesetz der Freiheit in der Ausübung seiner Willkür nicht zu stören; eine Pflicht zu tätiger Hilfe enthält dieser Rechtsbegriff nicht. Ganz entsprechend heißt es bei FRIES: „Das oberste Rechtsgebot ist also: Es soll niemand den andern der Würde seiner Person und der persönlichen Gleichheit eines jeden mit allen zuwider behandeln“, wobei zur Verdeutlichung sogleich hinzugefügt wird, es gebe kein Gebot zum positiven Umgang mit dem anderen, nur sei, „wenn ich ihn behandle, seine Würde zu respektieren“[16]; es gehe also um „ursprünglich negative Pflichten der Unterlassung“[17]. Nicht anders verhält es sich bei HEGELs Lehre vom abstrakten Recht. Der Satz, „Sey eine Person und respektire die andern als Personen“[18], soll zwar – in Wendung gegen KANT – nicht beim „Wille(n) des Einzelnen in seiner eigenthümlichen Willkür“ ansetzen, sondern beim vernünftigen Willen[19], ohne aber deshalb zu beanspruchen, *auf dieser Stufe* mehr an positiver Beziehung zum anderen zu enthalten, als daß der andere zur Kenntnis genommen wird, und dieses Minimum an Positivem[20] kennen auch KANT, FRIES und FEUERBACH. Der Hauptinhalt ist wiederum negativ, nämlich, „die Persönlichkeit und das daraus Folgende nicht zu verletzen“[21]. Die von

15 Metaphysik der Sitten, Akademie-Ausgabe Band 6, 1907, S. 230. – Schon PUFENDORF nennt als erste Pflicht des Menschen gegen alle andern, *„ne quis alterum laedat“*, und hält diese, da nur Unterlassungen erforderlich seien (freilich müsse man *„libidines“* unterdrücken!) für die am leichtesten zu erfüllende. Zwar kennt PUFENDORF weitere Pflichten (zur Anerkennung der Gleichheit und zur Menschlichkeit), aber es heißt auch vom Verletzungsverbot: *„... a maxima parte mortalium nihil amplius ... desideramus“* (De officio hominis et civis iuxta legem naturalem, 1673, Buch 1, Kapitel 6, § 2, zitiert nach der Ausgabe von AYRMANNIUS, 1775). – Das Argument der leichteren Erfüllbarkeit von Unterlassungspflichten nennt bereits THOMAS, Summa theologica, 2, 2, q. 89a. 4: *„... facilius est abstinere a malo faciendo quam implere bonum. Ergo gravius peccat qui non abstinet a malo faciendo, quod est transgredi, quam qui non implet bonum, quod est omittere.“*

16 FRIES, Philosophische Rechtslehre und Kritik aller positiven Gesetzgebung, 1803, zitiert nach dem Neudruck 1914, S. 14. – Den Hinweis auf FRIES verdanke ich meinem Mitarbeiter Javier Sánchez-Vera Gómez-Trelles.

17 (Fn. 16) S. 13.

18 Grundlinien der Philosophie des Rechts, Ausgabe Glockner, Band 7, Neudruck 1952, § 36.

19 (Fn. 18) § 29.

20 Aber immerhin mehr als nichts! Der Vorwurf, HEGEL habe an dieser Stelle „den Personbegriff völlig von der Intersubjektivität losgelöst“ gedacht (HÖSLE, Hegels System, Band 2, 1988, S. 491), trifft also nicht; siehe SIEP in: HENRICH (Hrsg.), Hegels Philosophie des Rechts, 1982, S. 255ff, 258f; E. DÜSING, Intersubjektivität und Selbstbewußtsein, 1986, S. 357ff; JAKOBS in: HAFT u.a. (Hrsg.), Festschrift für Arthur Kaufmann, 1993, S. 459ff, 460 mit Fn. 4.

21 (Fn. 18) § 38. – Schon allein im Blick auf die bis hierher angeführten Autoren wirkt die Behauptung von BIRNBACHER (Tun und Unterlassen, 1995, S. 118), „der Konsens über die prinzipielle moralische Bedeutung der Unterscheidung (von Tun und Unterlassen, G. J.) innerhalb

HEGEL selbst aus diesem dürftigen, hauptsächlich negativen Status der Person gezogene Konsequenz radikalisiert geradezu FEUERBACHs Lehre (und beansprucht auch nicht nur strafrechtliche Geltung): „Es giebt daher nur Rechtsverbote, und die positive Form von Rechtsgeboten hat ihrem letzten Inhalte nach das Verbot zu Grunde liegen“[22], oder, wie es im Moralitätsteil heißt, „das Rechtsgebot ist seiner Grundbestimmung nach ein Verbot“[23], – also gibt es bei HEGEL insoweit keinerlei „besondere Rechtsgründe“, die zur Hilfe verpflichten.

Diese Skizze zeigt folgende rechtsphilosophische Situation: Die Trennung von Recht und Moral wird mit derjenigen von Verboten und Geboten, Begehungsdelikten und Unterlassungsdelikten, gleichgesetzt. Freilich wird teils formuliert, so bei HEGEL, es gehe nicht überhaupt, sondern nur nach dem „letzten Inhalte“ der Normen um Verbote oder, so bei FRIES, die „ursprünglich(en) ... Pflichten“ seien als Verbote zu formulieren; auf vorletzter, abgeleiteter Stufe mag es also auch Rechtsgebote geben, und alles andere würde, wie noch zu zeigen sein wird, zu einem krassen Naturalismus führen. Der Jurist und Praktiker unter den genannten Autoren, FEUERBACH, geht in der Anerkennung von Unterlassungsdelikten einen etwas anderen Weg: Nach ihm mögen sich „besondere Rechtsgründe“ finden, die genuine Gebote produzieren. Jedenfalls erhält die immer schon vorhandene praktische Dominanz der Begehungsdelikte, weil eben die Gestaltung der Welt in der Regel durch Arbeit erfolgt und nicht durch Nichtstun, durch die skizzierten bürgerlich-liberalen Rechtsbegriffe ein theoretisches Fundament, auf dem für lange Zeit gebaut werden sollte: Das Unterlassungsdelikt erscheint als Ausnahme, die einer stärkeren Legitimation bedarf als das Begehungsdelikt.

der Rechtstradition“ sei „niemals explizit begründet worden“, verwunderlich. Freilich wurde die Begründung für eine Gesellschaft an sich freier und gleicher Personen versucht, nicht hingegen – wie bei BIRNBACHER, passim, überwiegend – abstrakt: Freie und gleiche Personen haben die Kosten der Freiheitsgewährung und des Freiheitsgebrauchs je selbst zu tragen, anderes hingegen nicht. Man mag jetzt noch über den Ansatz streiten – etwa: Lieber Solidarität als Freiheit Gleicher? –, aber *vor* der Festlegung des Sozialmodells, abstrakt, lassen sich zu Tun und Unterlassen nur Vorläufigkeiten ausmachen. Eine andere Sache ist, daß die Unterscheidung von Tun und Unterlassen (auch in einer Gesellschaft freier und gleicher Personen) äußerlich bleibt, wie BIRNBACHER zutreffend belegt; nur leistet diese Erkenntnis noch kein Sozialmodell, von dem aus sich Zurechnung positiv begründen ließe. – Siehe auch Fn. 92.

[22] (Fn. 18) § 38.

[23] (Fn. 18) § 113 Anmerkung.

B. *Mängel des liberalen Ansatzes*

Daß die Versagung von Samariterdiensten kein Unrecht, sondern eine bloße Moralwidrigkeit sei, wird von den zitierten Autoren freilich weniger begründet als vorausgesetzt. Beginnt man nicht beim für sich wirtschaftenden Individuum, sondern etwa beim Vorteil der Gemeinschaft oder bei der sich aus der Geschöpflichkeit des Menschen ergebenden Geschwisterlichkeit oder bei den Bedingungen eines paternalistisch organisierten Staats, so verschiebt sich die Grenze von Recht und Moral, und das Recht mag Pflichten zu Hilfsdiensten sehr wohl einschließen. Aber es bedarf nicht einmal solcher auf unmittelbare Solidarität zielender Sozialmodelle, um dem anderen ein Recht auf eine Mindestversorgung einzuräumen. So ist es etwa bei FICHTE Bedingung des Eigentums des einen, daß der andere von seiner Arbeit leben kann, dies mit der Konsequenz: „Von dem Augenblick an, da jemand Not leidet, gehört keinem derjenige Teil seines Eigentums mehr an, der als Beitrag gefordert wird, um einen aus der Not zu reißen, sondern er gehört rechtlich dem Notleidenden an“[24]. – Läßt man dies beiseite und bleibt nun einmal im individualistisch-liberalen Modell nach der Art KANTs, FRIES', FEUERBACHs und HEGELs im abstrakten Recht, so ist nicht einzusehen, wieso es bei besonderen Gründen Ausnahmen, also doch legitimerweise strafbare Unterlassungen geben soll. Mit anderen Worten, solange nicht das sowohl die Regel („ursprüngliche Verbindlichkeit“) als auch die Ausnahme („besonderer Rechtsgrund“) erklärende System genannt ist, besteht nur ein Sammelsurium, aber keine Ordnung. Der Ansatz FEUERBACHs ist also im Ergebnis kontingenter, als er sich darstellt.

Wie unsicher auch die Durchführung dieses Ansatzes ausfällt, wird bei der Frage deutlich, was denn nun als besonderer Grund durchgehen soll und wie ein solcher Grund sich mit dem Grund der Haftung für Begehung verträgt. FEUERBACH nennt, wie schon gesagt, „Gesetz oder Vertrag“, aber beides kann wenig befriedigen. Daß ein zu tätiger Hilfe verpflichtendes Gesetz vorliegt, besagt weder, dieses Gesetz sei legitim, noch ist das Gewicht der Pflicht selbstverständlich, also ob die Pflichtverletzung begehungsgleiches Unrecht darstellt oder – wie etwa bei den Unterlassungen der Verbrechensanzeige oder der Hilfe in Not – ein schwächeres Unrecht. Nicht besser steht es um den Vertrag; Vertrag ist der Wille als „gemeinsamer“, und nicht auch schon „an und für sich allgemeiner“[25]. Gemeinsame Willkür gibt aber *per se* keinen Grund für staatliche Strafe ab. Es müßte hinzukommen, daß die Durchführung des Gewollten

[24] Grundlagen des Naturrechts nach den Prinzipien der Wissenschaftslehre, hrsgg. von MEDICUS, 3. Nachdruck, 1979, S. 207 (II § 18 III).

[25] HEGEL (Fn. 18) § 75.

aus allgemeinen Gründen notwendig wäre, was aber allein übereinstimmende Willkür gerade nicht garantiert[26].

Mit der Nennung von Gesetz und Vertrag ist also nicht viel gewonnen, und schon bald wird bemerkt, daß bei FEUERBACH ein wichtiger besonderer Grund fehlt. Er wird meist als „Ingerenz" bezeichnet, womit gemeint ist, daß derjenige, der eine Gefahr in einen fremden Lebensbereich hineinträgt, diese neutralisieren muß, wenn sie sich auszuwirken droht[27]. Dazu ein Beispiel, wie es schon im vergangenen Jahrhundert angeführt wurde[28]: Fährt ein Kutscher mit seinem Wagen vorsätzlich einen Menschen nieder, so ist das Körperverletzung durch Tun, wenn er auf das Opfer zusteuert. Wenn aber die Pferde ohne Zutun auf den Menschen zulaufen, muß er rettend eingreifen, indem er die Tiere zügelt oder weglenkt. Unterläßt er das, so müßte es nach FEUERBACHs Konzept darauf ankommen, ob ein Gesetz einzugreifen geböte. Aber warum sollte ein Gesetz solche Trivialitäten regeln?

Es ist wohl – neben anderem – eine Art Ingerenzhaftung, an die HEGEL denkt, wenn es bei ihm heißt, ich wiederhole, „die positive Form von Rechtsgeboten", also die Unterlassungsdelikten zugrundeliegende Norm, habe „ihrem letzten Inhalte nach das Verbot zu Grunde liegen"[29]; denn das Gebot, rettend tätig zu werden, läßt sich in dem angeführten Beispiel (normlogisch zwar nicht korrekt, aber gewiß noch verständlich) als Verbot formulieren, die Herrschaft über die eigene Organisation preiszugeben und den Dingen ihren Lauf zu lassen. Verbot hin, Gebot her, jedenfalls muß, wer ein kleines Kind scherzend in die Luft wirft, es bei ansonsten erfolgender Strafe aus dem Verletzungsdelikt auch wieder auffangen.

C. Der Verlust des gesellschaftstheoretischen Bezugs

Es gibt im vergangenen Jahrhundert mannigfaltige Versuche, aus der etwas verfahrenen Lage herauszukommen, wobei erwartungsgemäß stets eine Anlehnung an das scheinbar mit weniger Unsicherheiten behaftete Begehungs-

[26] In der Formulierung zutreffend SEELMANN in: K. SCHMIDT (Hrsg.), Vielfalt des Rechts – Einheit der Rechtsordnung, 1994, S. 85ff. SEELMANN schlägt freilich jede Überlegung, die mit einer Verteilungsgerechtigkeit zu tun hat, allein dem Privatrecht zu (wo sie freilich *auch* hingehört); aber zwingendes Privatrecht hat öffentlichrechtliche Wurzeln.

[27] STÜBEL, Über die Teilnahme, 1828, S. 61, jedenfalls für vorangehendes strafbares Verhalten; umfassend dann GLASER, Abhandlungen aus dem österreichischen Strafrecht, 1858, S. 289ff, 299ff; mit bis heute gültigen Überlegungen MERKEL, siehe u. Fn. 49.

[28] GLASER (Fn. 27) S. 299.

[29] Wie Fn. 22.

delikt versucht wird. Hauptsächlich geht es um den Nachweis, daß auch eine Unterlassung für einen Erfolg ursächlich werden kann. Gelingt dieser Nachweis für schlechthin jede Unterlassung eines Menschen, der einen bösen Erfolg hätte hindern können, so wird freilich zu viel bewiesen; denn dann unterscheiden sich Begehung und Unterlassung (nach damaligem Verständnis) nicht mehr, und es entfällt die Berechtigung, noch einen „besonderen Rechtsgrund" zur Haftung zu verlangen[30]. Letzteres ist freilich unerwünscht; FEUERBACHs Begründung wird vielmehr nach wie vor als schlüssig angesehen, und es gilt durchgehend als ausgemacht, daß „im Gebot ein viel tieferer Eingriff in die Willkür des Einzelnen" liege „als im Verbot"[31]. So konzentriert man sich unter Vernachlässigung des Gesetzes als „besonderen Grund" hauptsächlich auf die vom sinnenfälligen Erscheinungsbild her begehungsähnliche Ingerenz und verbindet die Vorhandlung mit der Unterlassung zu einem „Ganzen"[32], ohne freilich erklären zu können, weshalb eine kausale, aber unvorsätzliche Vorhandlung und eine nicht kausale, aber vorsätzliche Unterlassung ein homogenes Vorsatzdelikt und nicht zwei heterogene Halbstücke ausmachen sollen.

Diese und andere Anstrengungen zur Kausalität[33], etwa im Niederkämpfen des Rettungsentschlusses, also in einer „internen Handlung"[34], oder in derjenigen Handlung, die der Täter statt der Hilfe vollzogen hat[35], den archimedischen Punkt zu finden, sind nur erwähnenswert, weil sie, wie die Versuche der Hegelianer, Unterlassungen als Willenswerk darzustellen und somit zusammen mit Tätigkeiten unter *einen* Handlungsbegriff zu fassen[36], noch von

30 ARMIN KAUFMANN, Die Dogmatik der Unterlassungsdelikte, 1959, S. 260f; WOLFF, Kausalität durch Tun und Unterlassen, 1965, S. 75.

31 GLASER (Fn. 27) S. 385.

32 GLASER (Fn. 27) S. 301. Durch das nachfolgende Unterlassen soll der Täter sein Vorverhalten „in böser Absicht getroffenen Vorbereitungen" gleichstellen; ähnlich auf einen *dolus subsequens* abstellend LAMPE, ZStW 72, S. 93ff, 96ff, 105ff. – Nachdem das Problem der Kausalität der Unterlassung seine entscheidende Bedeutung verloren hat, bedarf es solcher Umwege nicht mehr. – Zu MERKEL unten Fn. 49.

33 Ausführliche Zusammenstellung und Diskussion bei BINDING, Die Normen und ihre Übertretung, Band 2, 1. Hälfte, 1914, S. 516 bis 546. – Zur Lehre des ARISTOTELES und ihrer Bedeutung für die hiesige Problematik der „Begehung durch Unterlassen" LOENIG, Die Zurechnungslehre des Aristoteles, 1903, S. 245ff, 253.

34 So noch BINDING (Fn. 33) S. 546ff, 555ff, 557.

35 LUDEN, Abhandlungen aus dem Strafrecht, Bd. 1, Über den Versuch des Verbrechens, 1836, S. 474; dazu GLASER (Fn. 27) S. 379ff; VON BUBNOFF, Die Entwicklung des strafrechtlichen Handlungsbegriffs von Feuerbach bis Liszt unter besonderer Berücksichtigung der Hegelschule, 1966, S. 88ff, 98ff.

36 Zusammenstellung bei VON BUBNOFF (Fn. 35) S. 46f (HEGEL), 61 (KÖSTLIN), 74f (BERNER), 86f (HÄLSCHNER), 98 (LUDEN). – Dem entsprechen heutige Lehren, die auf ein „Bewirken" durch Unterlassen abstellen: WOLFF (Fn. 30) S. 33ff; KAHLO, Das Problem des Pflichtwidrigkeits-

dem Bemühen zeugen, eine für Tun und Unterlassen einheitliche Zurechnungslehre zu entwickeln. Freilich liefern nicht solche Unternehmungen[37] das Stichwort für das 20. Jahrhundert; sie werden vielmehr von der im letzten Drittel des Jahrhunderts aufkommenden positivistisch-naturalistischen Sicht, der einige mit ihrer Fixierung auf das Kausalproblem freilich bereits vorgearbeitet haben, geradezu weggefegt. In einem seiner selbst sicher gewordenen Positivismus verliert die Frage nach dem Umfang der ursprünglichen Verpflichtung ihr Interesse – die Legitimität positiven Rechts steht nicht mehr im Zweifel –, und was strafrechtlich bleibt, ist die Lehre von den Elementen eines Delikts. Was diese Elemente angeht, weist RADBRUCH (1904) nach, daß Tun und Unterlassen jede Gemeinsamkeit fehlt, daß insbesondere die gequälten Kausalitätskonstruktionen keine Gemeinsamkeit tragen, so daß Tun und Unterlassen jeweils eigenen Regeln folgen müssen.

Letzteres hat freilich auch FEUERBACH behauptet, indem er mit dem „besonderen Grund" das Eigentümliche der Unterlassung herausgestellt hat. Aber RADBRUCH geht es nicht um diese normative Besonderheit, sondern um die naturalistische. Im Gegensatz zum Tun, so RADBRUCH, kennt das Unterlassen keinen Willen, wobei dieser jetzt ganz naturalistisch verstanden wird, eben als psychisches Faktum[38], – und in der Tat mag sich bei demjenigen, der einen anderen sehenden Auges umkommen läßt, psychisch nichts ereignen als eben dieses Sehen. Weiterhin produziert der Unterlassende keine Tat. Auch das steht insoweit außer Zweifel, als RADBRUCH unter Tat eine gewillkürte Körperbewegung mit ihren Folgen versteht und eine solche zwar die Unterlassung begleiten mag – irgend etwas wird der Unterlassende, wenn er nicht gerade ohnmächtig ist oder schläft, wohl tun –, aber nicht begründet[39]. Schließlich fehlt der Unterlassung Kausalität für den Erfolg[40], sofern man mit RADBRUCH Kausalität so versteht, daß durch eine Veränderung in Raum und Zeit eine weitere Veränderung bedingt wird; denn eine Unterlassung verändert gerade nichts an der Lage, wie sie nun einmal ist. Das Ergebnis lautet: „Die Unterlassung hat also nicht nur die Merkmale Wille, Tat und Kausalität zwischen beiden nicht mit der Handlung gemein, sie erschöpft sich vielmehr darin, sie

zusammenhangs bei den unechten Unterlassungsdelikten, 1990, S. 306ff; MATT, Kausalität aus Freiheit, 1994, S. 200ff.

[37] Zur Gesetzgebung CLEMENS, Die Unterlassungsdelikte im deutschen Strafrecht von Feuerbach bis zum Reichsstrafgesetzbuch, 1912, S. 17ff.

[38] RADBRUCH, Der Handlungsbegriff in seiner Bedeutung für das Strafrechtssystem, 1904, S. 132ff.

[39] AaO. S. 137f; zur – überholten – abweichenden Ansicht siehe oben zur Theorie des Andershandelns bei Fn. 35.

[40] AaO. S. 132; genauer dazu ARMIN KAUFMANN (Fn. 30) S. 57ff.

zu verneinen". Deshalb „lassen sich, so wahr man nicht Position und Negation, a und non-a unter einen Oberbegriff bringen kann, auch Handlung und Unterlassung nicht unter einen solchen zusammenbiegen ..."[41].

Nun zweifelt auch RADBRUCH nicht an der Strafbarkeit mancher Unterlassungen, und gerade deshalb drängt sich die Frage auf, was an dem mitgeteilten Befund juristisch von größerem Interesse sein soll als etwa – polemisch gesprochen – der Umstand, daß einige Täter kahlköpfig, andere hingegen auf dem Kopfe behaart sind, Umstände, die sich wiederum wie a und non-a zueinander verhalten. Wille, Tat und Kausalität gibt es nur bei Tätigkeiten – aber ohne Wille, Tat und Kausalität kann auch ein deliktisches Verhalten vorliegen, eben eine Unterlassung. Warum also wird der genannte Befund von RADBRUCH überhaupt vermerkt? Strafrechtlich interessiert nicht, jedenfalls nicht als erstes, der physiologische, sondern der gesellschaftliche Zusammenhang, und in diesem Kontext haben Wille *und* bloßes Geschehen-Lassen, Tat *und* Unterlassen, Kausalität *und* Nicht-Retten ihren Platz, aber man erfaßt ihn so wenig, indem man zurechenbares Verhalten in naturalistische Elemente zergliedert, wie FEUERBACH ihn mit seinem Regel-Ausnahme-Verhältnis, also einerseits „ursprüngliche Verbindlichkeit", andererseits „besonderer Rechtsgrund", erfassen kann, obgleich FEUERBACH immerhin auf normativer Ebene argumentiert, während RADBRUCHs Interesse nur noch der Physik, besser noch: Mechanik des Verhaltens gilt.

Gut ein halbes Jahrhundert nach RADBRUCH wird sein Konzept radikalisiert. Zwar geht es jetzt nicht mehr um naturalistisch verstandene Deliktselemente, sondern um „sachlogische Strukturen", was heißen soll, daß zwischen der „Struktur" und einer „Wertschicht" eine „notwendige Zuordnung" bestehen soll[42]. Jedenfalls, und das entscheidet, wird die „Struktur" individuellen Verhaltens untersucht, nicht diejenige der Gesellschaft, die zurechnet. Deshalb setzt auch der scharfsinnigste der Autoren, ARMIN KAUFMANN, nicht bei der Frage an, was Tun und Unterlassen gemeinsam ist, wo doch beide Verhaltensweisen zugerechnet werden können, sondern beim „sachlogischen" Befund der Psychomechanik. Und nach diesem, so KAUFMANN, fehlt mit dem Willen auch die Möglichkeit, von Tatbestandsvorsatz zu sprechen; es fehlt ferner die Möglichkeit einer Tatherrschaft, so daß die Behandlung der Beteiligung durch Unterlassen wie diejenige am Unterlassen von derjenigen durch eine und an einer Begehung abzukoppeln sein soll; entsprechendes gilt für den

41 AaO. S. 140.
42 ARMIN KAUFMANN (Fn. 30) S. 17.

Versuch und weiteres mehr[43]. Einzelheiten können hier dahinstehen – auch die Ersetzung des Naturalismus durch psychomechanisch orientierte „Sachlogik" verhilft nicht zu einer Antwort auf die Frage nach der gesellschaftlich relevanten Gemeinsamkeit beider Verhaltensweisen, also wann und warum Unterlassungen begehungsgleich zu strafen sind. Kurz und knapp: Den sachlogischen Strukturen fehlt der gesellschaftliche Kontext.

Wem diese Kritik im Blick auf die Subtilität der ans Licht beförderten „sachlogischen Strukturen" beckmesserisch vorkommt, der mache sich die Konsequenzen des geschilderten Konzepts am Beispiel einer Autofahrt deutlich: Es geht dabei um einen dauernden Wechsel von Tun und Unterlassen, von Lenken, Gasgeben, Schalten und Nicht-Weglenken, Rollen-Lassen etc., wobei manches wiederum vom Fahrzeugtyp abhängt; ein Fahrzeug mit Getriebeautomatik oder mit Tempoautomatik vermindert das Tun und vermehrt das Unterlassen. Und diese im Alltag selbstverständliche Gemengelage[44] soll, wenn es um die juristische Würdigung geht, nach der skizzierten Ansicht in Details zerlegt werden müssen, die, und darauf kommt es an, als Tätigkeiten anderen Regeln folgen als Unterlassungen? Und der Zuruf des Beifahrers an den Fahrer, Gas zu geben, soll andere Konsequenzen haben als derjenige, nicht zu bremsen[45]? – Alltagsprobleme sollten sich einfacher lösen lassen.

II. Institutionen

A. Verhaltensfreiheit und Folgenverantwortung

1. Begründung auch für Gebote: Pflichten kraft Organisationszuständigkeit

Der Ansatz zur Lösung eines Teils des Dilemmas steckt schon in HEGELS – bereits mehrfach angeführter – Aussage, es gebe „Gebote, denen ihrem letzten Inhalte nach das Verbot zu Grunde" liegt[46]. Das damit Gemeinte ist nicht sonderlich schwer zu entschlüsseln:

[43] ARMIN KAUFMANN (Fn. 30) S. 110ff, 186ff, 204ff, 239ff; WELZEL, Das deutsche Strafrecht, 11. Auflage, 1969, S. 204ff.

[44] Zum Austausch von Tun und Unterlassen durch Umorganisation treffend PHILIPPS, Der Handlungsspielraum, 1974, S. 132ff, 140ff.

[45] ARMIN KAUFMANN (Fn. 30) S. 190ff; WELZEL (Fn. 43) S. 206.

[46] (Fn. 18) § 38.

Strafrechtlich ist es geläufig, Normen nicht als institutionalisierte Erwartungen, sondern als Imperative zu verstehen, adressiert an Personen, genauer, an die Psyche von Personen. Ein Verbot soll bei dieser Sicht die Bildung eines Motivs zu einer bestimmten Tätigkeit hindern, ein Gebot hingegen gerade zu einer bestimmten Tätigkeit motivieren. Läßt man nun die sehr am Rande liegenden Fälle von Muskelverkrampfungen, unwillkürlichen Reflexen und ähnlichem beiseite, so ergibt sich die Lage, daß ein Verbot, so es wirkt, mit dem bestimmten Motiv auch eine bestimmte Körperbewegung hindert, während ein wirkendes Gebot umgekehrt mit dem bestimmten Motiv eine bestimmte Körperbewegung verursacht. Verbote und Gebote steuern also, so sie wirken, ein psychophysisches System, das nach außen hin mit der Haut des Körpers (genauer: mit den innervierbaren Muskeln) endet. Ob dieses Modell besonders glücklich oder gar elegant gebildet ist, soll hier dahinstehen – es ist nun einmal das strafrechtlich leitende Modell[47]. Befehle zur Steuerung der Außenwelt jenseits des Körpers müssen also stets – *sit venia verbo* – durch den psychophysischen Apparat geschickt werden. Droht beispielsweise ein Mensch, ein Kind zu erdrücken, so lautet der Imperativ, wenn er sich auf das Kind wälzen will, „Laß diese Bewegung!“, wenn er aber per Unglück darauf zu fallen droht, „Stütze dich ab!“.

Beide Befehle wurzeln in *einem* Grund, der seinerseits als Befehl formuliert lauten könnte, „Dein Körper soll nicht ein Kind erdrücken!“. Die Legitimation für diesen Grundbefehl liegt offen auf der Hand: Die bei liberalem Verständnis selbstverständliche alleinige Dispositionsbefugnis der freien Person über ihren eigenen Körper bedingt zwingend als Synallagma die Pflicht, für dessen gefahrlosen Zustand zu sorgen; denn ohne Beeinträchtigung der Freiheit der Person könnte diese Sorge niemand anders übernehmen. Unter der Bedingung frei mit ihrem Körper umgehender Personen geschieht die Vereinigung der Willkür des einen mit der Willkür des anderen nach einem allgemeinen Gesetz der Freiheit[48], also nicht nur durch Rechts*ver*bote, sondern sie muß auch *Ge*bote umfassen, eben solche, den Zustand des Körpers durch Tätigkeit zu ändern, wenn ansonsten dem anderen ein Schaden droht. Offenbar haben solche Gebote nichts mit Solidarität zu tun, bedürfen also keines „besonderen Rechtsgrundes“, sondern sind Teil der „ursprünglichen Verbindlichkeit“.

Die ausschließliche Herrschaft der freien Person über ihren Körper ist freilich nicht die einzige Bedingung für Gebote innerhalb der „ursprünglichen

[47] BINDING, Die Normen und ihre Übertretung, Band 1, 4. Auflage, 1922, S. 123; ARMIN KAUFMANN, Lebendiges und Totes in Bindings Normentheorie, 1954, S. 102ff.

[48] KANT, wie Fn. 15.

Verbindlichkeit". In einer Gesellschaft freier Eigentümer und Inhaber von Rechten bilden Personen auch über den Körper hinaus eigene Organisationskreise, deren Verwaltung ihnen allein unter Ausschluß aller anderen zukommt. Solche Organisationskreise umfassen körperliche Gegenstände, etwa ein Grundstück, ein Haus, ein Automobil, oder auch den Gebrauch von Rechten, etwa des Rechts, sich im Rahmen des Gemeingebrauchs auf öffentlicher Straße mit einem Automobil fortzubewegen. Im Synallagma zu dieser Freiheit[49] steht wiederum die Pflicht, den Organisationskreis in einem gefahrlosen Zustand zu halten, sei es, daß der Inhaber, einem Verbot folgend, sich nicht zu seiner gefährlichen Gestaltung motiviert, sei es, daß er eine solche Gestaltung, wenn sie sich nun einmal eingestellt hat, durch zweckdienliche Maßnahmen wieder beseitigt, also einem Gebot folgt. So muß jedermann nicht nur seinen Körper, sondern etwa auch ein von ihm bewegtes Automobil oder ein von ihm entfachtes Feuer tätig in eine andere Lage bringen, wenn ansonsten ein Schaden droht. *Die „ursprüngliche Verbindlichkeit" hat also zum Inhalt, den Preis für Freiheit zu zahlen, nämlich den eigenen Bereich der freien Organisation wie auch immer in für andere Personen gefahrlosem Zustand zu halten.* Neben das Verbot: „Schädige nicht", tritt also das von der WOLFF'schen Pflicht, „dem anderen ... vielfältig zu dienen"[50], unabhängige Gebot: „Beseitige Gefahren, die von deinem Organisationskreis ausgehen".

Bei den Geboten kraft Organisationszuständigkeit handelt es sich zunächst um sogenannte Verkehrssicherungspflichten. Wer ein gegenständliches Objekt beherrscht, muß dafür sorgen, daß Kontakte anderer Personen mit dem Objekt schadlos bleiben. Um das Gebot, die Schindeln auf dem Dach vor dem Herabfallen zu sichern, weiß jeder Hauseigentümer, jeder Besitzer einer Waffe kennt die Pflicht, das Gerät vor Unbefugten zu verschließen, und jedermann hat, wenn er spürt, daß ihm ein Krampfanfall droht, zerbrechliche Gegenstände schnell aus der Hand zu legen.

[49] MERKEL hat dieses erweiterte Synallagma, dem GLASER (Fn. 27, S. 299ff) bereits nahegekommen ist, als erster klar formuliert; Kriminalistische Abhandlungen, Teil 1, 1867, S. 76ff, 81f: Unterlassungen machen insoweit verantwortlich, „als wir die Integrität des Andern in zurechenbarer Weise auf die Vornahme der entsprechenden Handlungen gestellt haben". Insbesondere erkennt MERKEL, daß ein in jeder Hinsicht sozialadäquates Vorverhalten keine Pflicht auslöst (S. 83, insoweit gegen GLASER argumentierend, S. 84ff). Aber auch MERKEL gelingt es – wie GLASER – nicht, sich von der kausierenden Vorhandlung zu lösen (so kennt er kein Vor-Unterlassen), und er verschließt sich dadurch das Verständnis der Pflichten zur Solidarität, die er sämtlich der echten (gesetzlich angeordneten und nicht notwendig begehungsgleichen) Unterlassung („Omissivdelikt") zuordnen muß. Siehe auch MERKEL, Die Lehre von Verbrechen und Strafe, hrsgg. von LIEPMANN, 1912, S. 133ff.

[50] Wie Fn. 9.

Solche Sicherungspflichten können auch speziell wegen eines bestimmten Vorverhaltens entstehen; die Rede ist dann, wie schon erwähnt wurde, von Ingerenz. Auch insoweit werden in den Grundfällen des täglichen Lebens kaum Zweifel aufkommen. Ein Kutscher muß also sein Gefährt anhalten oder weglenken, wenn er ansonsten einen Menschen überfahren würde; wer auf öffentlicher Straße eine Grube gräbt, muß sie so sichern, daß niemand hineinfällt, und wer im Wald ein Feuer entzündet, muß es auch wieder austreten, und zwar jeweils aus Organisationszuständigkeit, nicht aus Solidarität.

Die Ingerenzhaftung wird problematisch, wenn der Schadensverlauf den Organisationskreis des Zuständigen verlassen, vielleicht sogar denjenigen des Opfers schon erreicht hat; es geht dann nicht mehr um die bloße Sicherung, daß eine Organisation keinen schädigenden Output produziert, sondern um die Revokation eines schon geschehenen Outputs, und um die Zuständigkeit für die Revokation oder gar für die Rettung einer bereits gestörten fremden Organisation mögen – anders als bei der Sicherung – mehrere Personen konkurrieren[51]. Beispielhaft gesprochen: Niemand zweifelt an der Pflicht eines Autofahrers, sein Fahrzeug vor einem die Straße überquerenden Fußgänger abzubremsen, und zwar auch dann, wenn der Fußgänger die Straße verbotenerweise überquert, und eine vorsätzliche Verletzung dieser Pflicht wäre ein Totschlag durch Unterlassen, aber wenn es nun einmal zu einem Unfall gekommen ist und das Opfer zu verbluten droht, mag man streiten, ob der Autofahrer zuständig ist, Hilfe zu besorgen, oder die Polizei oder ob dem Fußgänger, etwa wenn dieser obliegenheitswidrig handelte und alle anderen sich korrekt verhielen, niemand pflichtig ist, jedenfalls nicht bei ansonsten drohender Strafe wegen Totschlags durch Unterlassen.

Es spricht viel dafür, nicht jeden Verursacher eines Unfalls mit einer Rettungspflicht zu belasten, wohl aber denjenigen, der den Unfall durch eine rechtswidrige Organisation verursacht hat[52], und ferner auch denjenigen, der ein zwar erlaubtes, aber gefährliches Unternehmen organisiert hat, und zwar

[51] WELP, Vorangegangenes Tun als Grundlage der Handlungsäquivalenz der Unterlassung, 1968, S. 209ff; HERZBERG, Die Unterlassung im Strafrecht und das Garantenprinzip, 1972, S. 294ff; SEELMANN in: NEUMANN u. a. (Hrsg.), Nomos-Kommentar zum Strafgesetzbuch, 1995, § 13 Rdn. 117f; FREUND, Erfolgsdelikt und Unterlassen, 1992, S. 180ff; JAKOBS, Strafrecht AT, 2. Auflage, 1991, 29/38ff mit weiteren Nachweisen. – Ablehnend SCHÜNEMANN, Grund und Grenzen der unechten Unterlassungsdelikte, 1971, S. 281ff. – Zu Rettungspflichten bei *Begehung* siehe Fn. 77 (zu b).

[52] GALLAS, Studien zum Unterlassungsdelikt, 1989, S. 88ff; RUDOLPHI, Die Gleichstellungsproblematik der unechten Unterlassungsdelikte und der Gedanke der Ingerenz, 1966, S. 157ff, 163ff (für Ingerenzbegründung durch einige rechtmäßige Verhaltensweisen jedoch RUDOLPHI in: Systematischer Kommentar zum Strafgesetzbuch, 6. Auflage, 1994, § 13 Rdn. 40a).

so lange, wie nicht der andere vorrangig zuständig ist[53]. Eine knappe Begründung lautet: Wer Verbotenes organisiert, muß Schäden verhüten, wie er nur kann, und wer auch nur Gefährliches organisiert, gleichfalls, wenn nicht andere Gewichtigeres organisiert haben als nur Gefährliches. Es geht also wiederum um das Synallagma von Organisationsfreiheit und Schadenvermeidungspflicht. Im Beispielsfall heißt das, der Autofahrer müsse einem Fußgänger helfen, den er aufgrund eines Fahrfehlers verletzt hat, auch einem Fußgänger, den er per Unglück angefahren hat – denn Autofahren ist eine gefährliche Organisation –, im letzteren Fall aber nicht mehr, wenn der Fußgänger sich seinerseits nicht korrekt verhalten hat[54]. – Auf die genauen Grenzen der Ingerenzhaftung kommt es im hiesigen Zusammenhang nicht an[55]; vielmehr reicht als Ergebnis, daß diese Haftung, wo sie auch genau enden mag, jedenfalls aus Organisationszuständigkeit, also aus der „ursprünglichen Verbindlichkeit" resultiert und nicht aus einem „besonderen Rechtsgrund".

Dasselbe gilt für die bei Pflichten kraft Organisationszuständigkeit nicht zu übergehende Pflicht aus Übernahme einer Verrichtung[56], die üblicherweise – wenig treffend – als Pflicht aus Vertrag bezeichnet wird. Bei der Übernahme kommt es nicht nur auf das Versprechen einer Leistung an, sondern auch auf die daraufhin erfolgende Preisgabe anderweitigen Schutzes; der Übernehmende organisiert also durch sein Versprechen eine Schutzminderung und muß diese ausgleichen. Das Panorama der Fälle reicht vom Babysitting bis zur Bergführung und setzt keinen wirksamen Vertrag voraus. Auch der minderjährige Babysitter, der ohne Zustimmung seines gesetzlichen Vertreters dem Geschäft nachgeht, ist mit strafrechtlichem Nachdruck verpflichtet, dem zu beaufsichtigenden Kind bei Not zu helfen, und wer beginnt, eine gebrechliche Person über die Straße zu leiten, darf nicht mitten im Autogewühl seine Hilfe einstellen. Der Grund solcher Haftung ist also einzig die zurechenbare Organisation einer Schutzminderung.

2. Ersetzung von Geboten durch Verbote?

Zum Abschluß dieses Abschnitts bleibt zu klären, ob sich nicht der gesamte Bereich der aus Organisationszuständigkeit resultierenden Gebote in Verbote

[53] So, trotz anderer Formulierung, der Sache nach auch BGH 37, S. 106ff, 114ff (Produkthaftung).
[54] So auch BGH 25, S. 218ff, 222ff.
[55] Eingehende Nachweise bei JAKOBS (Fn. 51) 29/38ff.
[56] STREE in: GEERDS u. a. (Hrsg.), Festschrift für H. Mayer, 1966, S. 145ff. – Zur Übernahme bei *Begehung* siehe Fn. 77 (zu b).

umformulieren ließe. Dies wäre möglich, freilich müßte dann der Adressat des Imperativs neu bestimmt werden.

Wie schon angedeutet wurde, ist es im Strafrecht üblich, die Imperative an eine Person als psychophysisches System zu adressieren. Grund für diese Adresse ist erstens, daß der Imperativ als psychische Beeinflussung wirken soll, und zweitens, daß ohne – vollzogene oder erwartete – Körperbewegung keine äußere Tat vorhanden ist *(cogitationis poenam nemo patitur)*. Der Imperativ lautet deshalb bei Verboten, ein bestimmtes Motiv mit der Folge einer bestimmten Tätigkeit solle nicht gebildet werden, bei Geboten hingegen soll gerade eine motivierte Körperbewegung produziert werden. Wie die Person es fertigbringt, Motive mit entsprechender Tätigkeit als Folge zu bilden oder nicht zu bilden, ist im Grundfall, also abgesehen von schuldausschließenden oder entschuldigenden Lagen, ihre eigene Angelegenheit. Wenn beispielsweise eine gewaltige Neigung besteht, durch eine Tätigkeit ein Verbrechen zu begehen, lautet der Imperativ immer noch, die Person solle das Motiv zu dieser Tätigkeit nicht bilden (ein Verbot), und nicht etwa, sie solle gegen die Neigung Gegenmotive bilden (ein Gebot). Das psychophysische System wird also als eine black box behandelt, in der immer ein hinreichendes Quantum an Normbefolgungsbereitschaft zur Verfügung steht; solange das System keine falsch motivierten Körperbewegungen produziert, ist bei verbietenden Imperativen alles in Ordnung, und mit der zutreffend motivierten Tätigkeit bei Gebotsnormen ebenso; kommt es aber zu einer falsch motivierten Körperbewegung, so handelt es sich – ohne Blick auf die vorangegangenen „inneren" Kämpfe – ebenso stets um eine verbotswidrige Tätigkeit wie beim Fehlen richtig motivierter Tätigkeit stets um einen Gebotsverstoß. Psychologisch mag diese Sicht implausibel erscheinen. So ist es bekanntlich eine immense Leistung, einem eingefahrenen Laster zu verbotenem Tun zu widerstehen. Aber diese Leistung interessiert bei der strafrechtlichen Zurechnung nicht, da das Strafrecht eine Person, die unter gewaltigen Anstrengungen einem Hang zum Verbrechen abschwört, nicht anders behandelt als eine andere, die eine solche Tat sowieso nicht interessiert: Beide erfüllen ihre Pflicht. Ebenso verhält es sich bei Geboten: Wer sich nur unter Aufbietung aller Kräfte überwinden kann, der Pflicht zu einer Tätigkeit zu genügen, steht rechtlich wie jemand, den die Neigung dazu treibt. Man mag diese Sicht als eine Radikalisierung der KANTischen Trennung von Legalität und Moralität[57] verstehen: Bei richtigem Verhalten interessiert nicht nur die Triebfeder nicht, sondern ebensowenig die gesamte Antriebslage.

Die geschilderte Bestimmung eines Adressaten ist nicht die einzig mögliche.

[57] (Fn. 15) S. 219.

So könnten dem Adressaten auch sein Eigentum, seine Rechte und sein Verhalten als Teile seiner Person zugeschlagen werden; die Adresse gälte dann nicht mehr dem Kopf nur des Leibes, sondern dem Kopf des ganzen Organisationskreises. Anders formuliert: Statt an eine Person als psychophysisches System ließe sich ein Imperativ auch an eine Person als Organisationskreis adressieren, dies mit der Konsequenz, daß schlechthin *jede* schädigende Gestaltung des Organisationskreises gegen ein *Verbot* verstieße. Es wäre dann, beispielhaft gesprochen, verboten, daß eine autofahrende Person, diese verstanden als psychophysisches System *plus* das von ihr geführte Fahrzeug, gegen einen Passanten stieße; wie dem Verbot zu genügen wäre, ob durch Tätigkeit des psychophysischen Systems (durch Bremsen) oder ohne solche (das Fahrzeut rollt ohnehin aus), interessierte als Geschehen innerhalb einer black box nicht mehr. Jede schädigende Gestalt des Organisationskreises wäre so verboten, wie es im geläufigen Modell jede schädigende motivierte Tätigkeit ist. Für Gebote, die aus Organisationszuständigkeit resultieren, bliebe bei dieser Sicht kein Raum.

Das skizzierte neue Modell lehrt immerhin eines: die Kontextabhängigkeit dessen, was verboten oder geboten genannt wird. Ansonsten bietet es im strafrechtlichen Bereich keinen Vorteil, aber den Nachteil mangelnder Anschaulichkeit. In anderen Zusammenhängen, etwa bei der Beurteilung sehr fremder Organisationskreise (Staaten, Konzerne), die in unbekannter Art und Weise verwaltet werden, mag es Vorteile bieten.

3. Begrenzung auch von Verboten: Ausschluß objektiver Zurechenbarkeit

Wenn es nach der „ursprünglichen Verbindlichkeit“ auch Gebote gibt, die FEUERBACHsche These also insoweit falsch ist, mag die Skepsis wachsen, sie stimme auch im übrigen nicht. Bedarf vielleicht die „ursprüngliche Verbindlichkeit“ auch insoweit einer Interpretation, als es um Verbote geht? FEUERBACH spricht mit einer gewissen Arglosigkeit von Verboten, als stehe bei diesen fest, sie könnten unter keinen Umständen zur Solidarität zwingen, überschritten also den Rahmen negativer Beziehungen niemals. Freilich verfehlt eine solche Sicht ihren Gegenstand gründlich; denn von FEUERBACH und den ihm folgenden Autoren wird offenbar nur ein bestimmter Verbotsinhalt unter mehreren möglichen Inhalten vorausgesetzt, scil. derjenige, dem anderen seine Freiheit zu lassen. Sobald aber – zu Gunsten des anderen – verboten wird, die eigene Freiheit zu nutzen – man denke an ein Verbot, das Haus zu verlassen oder mit eigenen Sachen nach Belieben zu verfahren –, geht es – obgleich um Verbote – um Pflichten zur Solidarität.

Zur genaueren Erklärung ist zunächst darauf hinzuweisen, daß an jedem Schadensverlauf schon theoretisch zumindest zwei Personen beteiligt sind, ein Täter und ein Opfer; praktisch lassen sich ausnahmslos auch noch dritte Personen finden, die den Verlauf in irgendeiner Weise beeinflußt haben. Es kommen also stets mehrere Organisationskreise in Betracht, in denen der maßgebliche Grund für einen Schadensverlauf gefunden werden kann. Ein simples Beispiel mag das verdeutlichen: Ein Geschäftsmann löscht abends die weit auf die Straße strahlende Beleuchtung seiner Schaufenster. Die öffentliche Straßenbeleuchtung erhellt danach das holperige Pflaster nur noch dürftig; erwartungsgemäß – denn ähnliches geschah schon mehrfach – stolpert ein Nachtschwärmer und verletzt sich. Wer hat den Schadensverlauf organisiert? Der Kaufmann hat die helle Straße dunkel werden lassen, aber Straßenbeleuchtung ist Angelegenheit der Gemeinde, wobei man sehr wohl darüber streiten mag, ob sie die Aufgabe hat, jedem Nachtschwärmer heimzuleuchten.

Ein Schadensverlauf mag also auf dem Fehlverhalten eines Täters beruhen (des Geschäftsmanns) oder dem Fehlverhalten einer dritten Person (des Gemeindedirektors) oder auf einer Obliegenheitsverletzung des Opfers selbst (des Nachtschwärmers) oder, wenn sich alle korrekt verhalten haben, muß dieses den Schaden als Unglück tragen: *Casum sentit dominus.* Wie schon dieses alltägliche Beispiel lehrt, beließe ein Verbot, einen anderen durch eine Tätigkeit zu schädigen, wörtlich genommen keineswegs stets die Beziehung zwischen Täter und Opfer im Negativen; vielmehr enthielte ein Verbot mit dem Inhalt: „Bevor alle Nachtschwärmer zu Hause sind, dürfen Schaufensterbeleuchtungen nicht gelöscht werden", eine Pflicht zur Solidarität mit Nachtschwärmern, wäre also gewiß nicht Bestandteil der „ursprünglichen Verbindlichkeit", vielmehr nur bei „besonderem Rechtsgrund" legitim, und ein solcher Grund läßt sich in einer liberal verfaßten Gesellschaft nicht finden.

Die Problematik wird in der neueren Diskussion unter dem Namen „objektive Zurechnung" viel behandelt[58]; damit ist gemeint, daß nicht allein die subjektive Vermeidbarkeit eines Schadensverlaufs die Zurechnung bestimmt (ansonsten müßte im letztgenannten Beispiel der Geschäftsmann haften – er hat den Unfall kommen sehen), sondern daß die Vermeidung auch objektiv Aufgabe der Person sein muß, wenn diese strafrechtlich haften soll. Die Einschränkung der Haftung wird aus dem hier einschlägigen Gedanken hergeleitet, es sei nicht Pflicht einer Person, sich um schlechthin jede Folge ihres

[58] FRISCH, Tatbestandsmäßiges Verhalten und Zurechnung des Erfolgs, 1988; ROXIN, Strafrecht AT, 2. Auflage, 1994, 11/36ff; RUDOLPHI (Fn. 52) vor § 1 Rdn. 50ff; JAKOBS (Fn. 51) 7/35ff; kritisch HIRSCH, Universität zu Köln-Festschrift, 1988, S. 399ff, 402ff; KÜPPER, Grenzen der normativen Strafrechtsdogmatik, 1990, S. 83ff.

Verhaltens zu kümmern, vielmehr falle manche Folge in den Aufgabenbereich dritter Personen oder des Opfers selbst oder dieses müsse sie als Unglück tragen, weil anderenfalls die Verhaltensfreiheit zugunsten einer allseitigen fürsorglichen „Ammenwirtschaft" erstickt werde. Die „ursprüngliche Verbindlichkeit" wird also in ihrem Verbotsteil (sie erfaßt, wie oben gezeigt wurde, auch Gebote, scil. die Handlungspflichten kraft Organisationszuständigkeit) als Verbot der Verursachung eines Schadensverlaufs nicht zutreffend beschrieben; es geht vielmehr einzig um die Vermeidung derjenigen Verläufe, die sich nur bei einem Verweis auf die eigene Organisationsfreiheit erklären lassen, die also, negativ formuliert, nicht durch die Organisationsfreiheit anderer Personen zu erklären sind.

Um den wohl wichtigsten Fall, in dem die objektive Zurechenbarkeit eines Verhaltens fehlt, handelt es sich beim erlaubten Risiko[59]. Bei keinem menschlichen Verhalten können unglückliche Weiterungen wegen unglücklicher Konstellationen mit Sicherheit ausgeschlossen werden; jeder Händedruck könnte eine Krankheit übertragen, jede Flugreise, jede Autofahrt mag mit einem Unfall enden, auf jedem Schulweg mag ein Kind verunglücken, jedes neue Produkt könnte unbekannte Gefahren bergen, und selbst Vorsichtsmaßnahmen, wie etwa Schutzimpfungen, mögen im Einzelfall mehr Schaden als Nutzen anrichten. Aber ein Verbot solchen und vergleichbaren Verhaltens würde – dies liegt auf der Hand – die Verhaltensfreiheit aufheben. Das gilt selbst für die Freiheit zu Unterlassungen: Wer aus Vorsicht morgens gleich im Bett liegen bleibt, dem mag gerade deswegen entgehen, daß der Dachstuhl des Hauses brennt. Soll also Verhaltensfreiheit möglich bleiben, so muß dem Opfer angesonnen werden, die Folgen solchen Verhaltens als sein Unglück zu akzeptieren – es partizipiert ja auch zum Ausgleich an den Chancen, die Verhaltensfreiheit bietet[60].

Man wende nicht ein, eine Haftung in solchen Fällen scheitere schon daran, daß sich die Gefahr nicht mit entscheidungsrelevanter Dichte prognostizieren lasse. Das mag allenfalls im Einzelfall richtig sein, gilt aber nicht für diejenigen Zentralen, bei denen Massen von Fällen verwaltet werden. Etwa bei der Produktion eines Automobils oder bei der Einrichtung einer Großbaustelle läßt

[59] Eingehende Nachweise bei FRISCH (Fn. 58) S. 90ff (FRISCH behandelt das erlaubte Risiko als Produkt rationaler Abwägung, S. 72ff, 76, aber es ist teils schlicht historisch überkommen; wie FRISCH auch FREUND, Fn. 51, S. 51ff); JAKOBS (Fn. 51) 7/35ff; ROXIN (Fn. 58) 11/36ff.

[60] Das heißt allerdings nicht, man könne innerhalb des erlaubten Risikos nicht nach einem Grundrisiko und einem erhöhten Risiko differenzieren und dem Organisator des letzteren nicht eine zivilrechtliche Gefährdungshaftung auferlegen. Jedoch gehört strafrechtlich die Vermeidung des Erlaubten so lange nicht zur „ursprünglichen Verbindlichkeit", wie sich kein Schaden abzeichnet.

sich, und zwar mit relativ einfachem statistischen Material, die Zahl der zu erwartenden Toten und Verletzten in an sich gewiß entscheidungsrelevanter Höhe berechnen (für Unfallversicherungen ist dies ein alltägliches Geschäft), aber auch hier werden diese Folgen, bildlich gesprochen, nicht auf dem Konto des Verwalters der Zentrale, sondern auf demjenigen für die unvermeidbaren Kosten einer technischen Welt verbucht[61].

Weder das erlaubte Risiko noch ein anderes Institut der objektiven Zurechnung ist spezifisch auf die Zurechnung von Tätigkeiten zugeschnitten; vielmehr liegt die Notwendigkeit der Übertragung in den Unterlassungsbereich auf der Hand: Wer ein erlaubt riskantes Unternehmen tätig ins Werk setzen darf, muß nicht hindernd eingreifen, wenn sich ein solches Unternehmen ohne sein Zutun entwickelt. Beispielhaft: Wer ein Kind auf einen nicht ungefährlichen Schulweg schicken darf, muß auch nicht eingreifen, wenn es sich allein auf diesen Weg macht.

Von den sonstigen Subinstituten, nach denen ein Ausschluß der objektiven Zurechnung bestimmt wird, seien – ohne Anspruch auf Vollständigkeit – noch zwei genannt. Erstens geht es um die niemals totale, sondern stets in bestimmter Weise beschränkte Gemeinsamkeit, die bei sozialen Kontakten begründet wird und deretwegen die Zwecke, die ein Partner über das Gemeinsame hinaus verfolgt, vom anderen nicht berücksichtigt werden müssen[62]. Beispielhaft gesprochen: Der Kauf eines Gegenstandes erschöpft sich im Austausch von Ware gegen Geld und die Bezahlung von Schulden in der Tilgung der Forderung; was der Käufer mit der Ware weiter unternimmt, etwa ob er sie verbotswidrig exportiert oder seinerseits für ein Schwindelgeschäft oder zum Bau eines Sprengstoffpaketes nutzt, geht den Verkäufer so wenig etwas an, wie den Schuldner, ob der Gläubiger mit dem Empfangenen eine terroristische Organisation unterstützt oder verbotene Waffengeschäfte finanziert. Erst recht bleibt es bei einer Trennung der Verantwortungsbereiche, wenn jede Gemeinsamkeit fehlt, vielmehr eine Person versucht, die andere in eine solche zu zwingen. Auch dazu ein Beispiel: Als Terroristen drohten, der Präsident der Arbeitgebervereinigung, Schleyer, werde ermordet, wenn Gesinnungsfreunde der Terroristen weiterhin gefangen gehalten würden, war den zu Entscheidung Berufenen sehr wohl bekannt, daß die Fortsetzung der Haft (sei dies eine Tätigkeit oder ein Unterlassen) den Tod Schleyers zur Folge haben könnte, wie es sich ja dann auch ereignete. Trotzdem war die Fortsetzung der Strafhaft kein Tötungsverhalten und auch keine Beteiligung an einem solchen, weil sich ihr

[61] Und zwar ohne Gewähr, daß an dieser Stelle auch entsprechende Vorteile hereinkommen. Etwa die Produktion leichter Kabrioletts bringt nur für *eines* Vorteile: für die Verhaltensfreiheit.

[62] Frisch (Fn. 58) S. 230ff; Jakobs (Fn. 51) 7/59, 24/13ff; *ders.*, ZStW 89, S. 1ff.

Sinn in der Vollstreckung von Strafe erschöpfte und eine dritte Person diesen Sinn nicht durch Folgen, die sie nach ihrer Willkür an die Vollstreckung knüpfte, ins Deliktische umbiegen konnte. Mit anderen Worten, die Terroristen konnten die Regierung nicht zwingen, bei Drohung von Strafe mit Schleyer solidarisch zu sein.

Das zweite Subinstitut, das hier genannt werden soll und mittels dessen alle Verbote einschränkend interpretiert werden, damit es nicht zu einem Zwang zur Solidarität kommt, ist das Handeln auf eigene Gefahr, also die Verlagerung der Zuständigkeit auf das Opfer, und zwar wegen dessen eigenen Organisationsverhaltens[63]. Hierbei ist nicht nur an Fälle zu denken, bei denen das Opfer durch seine Obliegenheitsverletzung nach Art eines Mitverschuldens die Haftung des Täters mindert, wie es sich etwa verhält, wenn eine unvorsichtig auf einer Landstraße wandernde Person von einem gleichfalls unvorsichtigen Autofahrer angefahren wird. Vielmehr ist auch die radikale Lösung möglich, daß ein Opfer, so es sich ohne vernünftigen Grund in eine Gefahr begibt, die Folgen ganz alleine zu tragen hat. Wer bei einer waghalsigen Unternehmung mitmacht, etwa einer Segeltour bei Sturm oder einer Bergtour bei Schneefall oder einem Boxkampf, kann sich im Schadensfall nicht darauf berufen, die anderen hätten auf ihn achtgeben und seinetwegen die Unternehmung unterlassen müssen, denn solche Fürsorge gegenüber einer selbst verantwortlichen Person vertrüge sich nicht mit der negativen Beziehung als Beziehung unter Gleichen; es hat also jeder, auch das Opfer, für eigene Organisationen selbst einzustehen.

4. Ergebnis

Zusammengefaßt heißt das: Geht man von der liberalen Grundlage aus, die „ursprüngliche Verbindlichkeit" habe den negativen Inhalt, der andere solle in seinem Bestand nicht beeinträchtigt werden, so läßt sich eine Verrechtlichung dieses Modells in zweifacher Hinsicht nicht schlicht durch das Verbot leisten, den anderen nicht zu verletzen. *Erstens* müssen auch noch Gebote des Inhalts hinzutreten, Gefährdungen zu verhüten, die aus dem eigenen Organisationskreis ohne aktuelle Tätigkeit des Inhabers für fremde Güter entstehen. Diese Gebote sind Folge der Organisationsfreiheit, bestehen also schon, weil der Täter Person ist und das Opfer deshalb zu respektieren hat, und bedürfen keines „besonderen Rechtsgrundes". *Zweitens* müssen im Bereich des Verbots nur solche Verletzungsfolgen vermieden werden, die nicht zur Organisation

[63] FRISCH (Fn. 58) S. 148ff, 180ff; ROXIN (Fn. 58) 11/86ff, 98ff.

einer dritten Person oder des Opfers selbst gehören oder vom Opfer als Unglück zu tragen sind; denn anderenfalls wäre jedermann verpflichtet, auf seine Freiheit zu Gunsten eines bedrohten Opfers zu verzichten, ohne daß auch der Grund der Bedrohung im Organisationskreis des Verzichtenden läge; dies wäre ein Zwang zur Solidarität. Im Ergebnis ist also nicht das Verbot der zutreffende normative Oberbegriff, sondern die Organisationszuständigkeit.

Die Auffächerung der Organisationszuständigkeit in Subinstitute der Haftungsbegründung – Verkehrspflichten, Ingerenz und Übernahme als Haftungsbegründungen – oder des Haftungsausschlusses – erlaubtes Risiko, Verantwortlichkeit anderer, Unglück – muß innerhalb des abstrakten Rechts als bloße Nennung der Rechtsformen verstanden werden. Die zu den einzelnen Instituten genannten Beispiele setzen zur Lösung also mehr voraus, als hier begründet wurde, indem die Formel auf die konkrete Gestalt der gegenwärtigen Gesellschaft bezogen wurde. Andere Gesellschaften mögen Tätigkeiten als Sonderrisiken und damit als ingerenzbegründend einstufen, die in der hiesigen Gesellschaft als nur normal gefährlich behandelt werden, und bei ihnen mag als Unglück gelten, was die hiesige Gesellschaft noch mit einem bestimmten Organisationsverhalten verbindet. Deshalb sind alle Inhalte der genannten Institute – auch innerhalb des von KANT, FRIES, FEUERBACH und HEGEL formulierten liberalen Ansatzes – kontingent. Aber wie auch immer die Inhalte aussehen mögen, die genannten Formen der Pflichtbegründung oder Pflichtaufhebung bleiben mit dem Ansatz notwendig verbunden.

B. Weitere Institutionen

1. Der Ansatz

Es bleibt die Frage, was zu der Haftung des geschilderten Umfangs, also aus Organisationszuständigkeit, als Haftung aus „besonderem Rechtsgrund" hinzutreten kann. Ein beachtlicher Teil der Rechtslehre ist immer noch von dem Gedanken fasziniert, der Prototyp strafrechtlicher Haftung sei das Begehungsdelikt und deshalb sei bei Unterlassungen nach der „Begehungsgleichheit" zu suchen[64], diese verstanden als äußere Annäherung an Tätigkeit; aber es gibt mindestens eine Klippe, die bei diesem Ansatz so lange nicht umschifft werden kann, wie die Begehungsgleichheit im äußeren Geschehen gesucht wird:

[64] GALLAS (Fn. 52) S. 67ff; SCHÜNEMANN (Fn. 51) S. 229ff; *ders.* in: GIMBERNAT u. a. (Hrsg.), Internationale Dogmatik der objektiven Zurechnung und der Unterlassungsdelikte, 1995, S. 49ff, 75f; FREUND (Fn. 51) S. 265ff.

Eltern, die ihr Kind umkommen lassen, sind nicht tätig, nicht verkehrssicherungspflichtig, haben nicht notwendig riskante Vorhandlungen vollzogen und auch nicht notwendig etwas übernommen, letzteres jedenfalls dann nicht, wenn sich auch in Abwesenheit der Eltern niemand um das Kind gekümmert hätte. Also scheinen sich die Eltern in einem solchen Fall nicht wegen Totschlags strafbar zu machen. Um dieses Ergebnis zu vermeiden, wird – neben Verlegenheitslösungen[65] – vorgeschlagen, eine enge Lebensgemeinschaft als pflichtenbegründende Daseinsform zu interpretieren, was freilich den Einwand provoziert, damit sei über die Rechtlichkeit der Pflichten nicht befunden, vielmehr würden moralische Pflichten – die sich bei enger Lebensgemeinschaft kaum bestreiten lassen – grundlos verrechtlicht[66]. Daß der Einwand nicht ins Leere zielt, zeigt die Sorglosigkeit, mit der in der Rechtsprechung und der Literatur etwa von strafrechtlich gesicherten Fürsorgepflichten eines homosexuellen Dauerpartners zu Gunsten des anderen ausgegangen wird[67], obgleich eine solche Partnerschaft *per se* die rechtliche Verfassung der Gesellschaft nicht einmal am Rande berührt. Emotionale Dichte und Recht sind zweierlei. Aber das heißt wiederum nicht, Recht und Solidarität könnten nie verbunden werden.

Menschen gestalten die Welt; wie gezeigt wurde, geschieht das durch Arbeit, Tätigkeit, aber auch durch Unterlassen. Es geschieht eben durch Organisation. Durch das Organisationsverhalten der Menschen wird die Gestalt der Welt kontingent, und deshalb ist es zum Ausgleich erforderlich, die Menschen zu Personen zu wandeln, also zu Rollenträgern, die nach festen Standards ihre Organisationskreise verwalten und im Fall fehlerhafter Verwaltung zur Verantwortung gezogen, also als maßgebliche Gründe des Fehlers definiert werden. Dieses hier nochmals skizzierte Synallagma von Verhaltensfreiheit und Folgenverantwortung ist als dauerhafte rechtliche Bündelung gesellschaftlicher Beziehungen seinerseits eine Institution. Nicht ein Wirtschaften im naturalistischen Sinn löst die strafrechtliche Haftung aus, sondern die Verletzung der aus der Organisationszuständigkeit resultierenden Pflichten, und entsprechend geht die Erwartung der anderen nicht dahin, ein zu einer Organisation fähiger Mensch *werde* etwas Bestimmtes tun oder nicht tun, sondern eine Person *solle* sich in bestimmter Weise verhalten. Kurz und knapp: Niemand haftet in seiner Eigenschaft als Mensch, sondern jedermann nur in derjenigen als Person.

65 GALLAS (Fn. 52) S. 92.

66 Siehe nur GALLAS (Fn. 52) S. 71.

67 AG Duisburg MDR 1971, S. 1072; SK-RUDOLPHI (Fn. 52) § 13 Rdn. 51; DREHER-TRÖNDLE, Strafgesetzbuch, 46. Auflage, 1993, § 13 Rdn. 10; weitere Nachweise und Kritik bei JAKOBS (Fn. 51) 29/66 mit Fn. 138.

Ist dies erst einmal deutlich, daß nämlich schon die Organisationszuständigkeit die Institution der rechtlichen Verfaßtheit der Gesellschaft durch das Synallagma von Verhaltensfreiheit und Folgenverantwortung voraussetzt[68], erhellt sofort die Richtung, in welcher „besondere Rechtsgründe" für Pflichten zu suchen sind, die denen kraft Organisationszuständigkeit äquivalent sind: Die Suche hat nicht einer organisationsähnlichen „Herrschaft" zu gelten – dies ginge in die Irre, wie die Suche des vergangenen Jahrhunderts nach der begehungsgleichen Kausalität in die Irre gegangen ist –, sondern denjenigen Institutionen, welche die Identität der Gesellschaft ebenso bestimmen, wie das Synallagma von Verhaltensfreiheit und Folgenverantwortung sie bestimmt. Es kommt also auf die Ähnlichkeit für die Struktur der Gesellschaft an, nicht auf irgendeine naturalistische Ähnlichkeit.

Bei dieser Sicht braucht nicht befürchtet zu werden, im Ergebnis komme ein Sammelsurium heterogener Haftungsgründe heraus, zusammengesetzt aus einer „ursprünglichen Verbindlichkeit" und davon unabhängigen „besonderen Rechtsgründen". Vielmehr geht es um einen einzigen Grund, nämlich um die Erhaltung der unverzichtbaren Elemente der gesellschaftlichen Gestalt, und dieser Grund gliedert sich in die für eine liberale Gesellschaft selbstverständliche Organisationszuständigkeit und daneben weitere, noch zu benennende, aus anderen Institutionen, aber jedenfalls aus Institutionen herzuleitende Zuständigkeiten, wobei letztere stets auf eine positive Verbindung der Personen gerichtet sein müssen, also auf ein Stück gemeinsamer Welt, da der negative Bereich bereits von der Organisationszuständigkeit voll abgedeckt wird. Es gilt also, die negativen Beziehungen, von denen die gesellschaftliche Identität bestimmt wird, nunmehr um die unverzichtbaren positiven zu ergänzen.

[68] Wer Organisationshaftung anerkennt, aber andere Institutionen ablehnt (siehe nur FREUND wie Fn. 51; SCHÜNEMANN in: Dogmatik, Fn. 64, S. 60ff), sollte darlegen, wieso sich rechtliche Garantien nur auf *eine* Institution („Verhaltensfreiheit bringt Folgenverantwortung") sollen beziehen dürfen. – Was die Organisationszuständigkeit angeht, so vermutete H. LÜBBE (Zürich) in der Diskussion, in Zukunft werde „die Menge der Möglichkeiten, andere über soziale Kausalprozesse durch Unterlassen zu beeinflussen", zunehmen, so daß „die moderne Gesellschaft" sich bei entsprechender Strafbewehrung „schlechterdings zumauere". – Was den Zusammenhang von Verhaltensfreiheit und Folgenverantwortung angeht, ist freilich zu berücksichtigen, daß der Vergrößerung des Bereichs möglicher Folgen auch eine Vergrößerung des Bereichs der Freiheit vorausgegangen sein kann (nicht: muß). Beispielhaft: Der unterlassene Rückruf eines riskanten Massenprodukts mag massenhafte böse Folgen bringen, aber nur, wenn zuvor massenhafte Verkäufe getätigt wurden. Oder: Der Straßenverkehr wird trotz hoher Regelungsdichte und strikter Verantwortung für Fehler (auch für Unterlassungen, etwa Nicht-Bremsen) immer noch als freiheitsfördernd verstanden.

2. Staatliche Pflichten

Eine solche Ergänzung läßt sich nur zum Teil abstraktrechtlich vornehmen; ansonsten muß sie aus einer Analyse der konkreten gesellschaftlichen Gestalt gewonnen werden, wie, dies sei rückblickend auf die Organisationszuständigkeit vermerkt, diese sich ja auch nur als Abstraktum der Menge aller liberalen gesellschaftlichen Verfassungen, nicht aber überhaupt aller gesellschaftlichen Verfassungen ergibt. Immerhin lassen sich einige Pflichten des Staates so abstraktrechtlich gewinnen, wie es bei den Pflichten aus Organisationszuständigkeit der Fall ist, nämlich durch Reflexion auf die Bedingungen von Organisationszuständigkeit, wobei der Staat als juristische Person zwar nicht selbst strafrechtlich haftet, wohl aber haften die Amtswalter[69], die für ihn handeln.

Die bloße Anordnung von Organisationszuständigkeit ist nichts als ein leeres Wort, wenn nicht auch die Frage *„quis iudicabit?"* entschieden wird. Also muß der Staat die Pflicht haben, für die Durchsetzung von Strafansprüchen und die autoritative Entscheidung von Rechtsstreitigkeiten zu sorgen; in HEGELS abstraktem Recht fehlen demnach die richtende Instanz und die Instanz für die Durchsetzung des Spruchs[70]. Dieser Justizgewährungsanspruch, dem im strafprozessualen Bereich das Legalitätsprinzip entspricht, findet seine strafrechtliche Garantie hauptsächlich in den Vorschriften gegen Rechtsbeugung (§ 336 StGB) und gegen Begünstigungen im Amt (§ 258a StGB).

Schon ein flüchtiger Blick auf diese Vorschriften lehrt, was nach der Behandlung der „ursprünglichen Verbindlichkeit" hier, bei dem „besonderen Rechtsgrund", kaum anders zu erwarten ist, wenn denn beides gleichermaßen aus unverzichtbaren gesellschaftlichen Institutionen resultiert: So wenig die Pflichten aus Organisationszuständigkeit allein durch Verbotsverstöße verletzt werden, so wenig schafft ein „besonderer Rechtsgrund" allein Gebote. Nicht nur (aber auch[71]) beugt das Recht, wer als Richter einen anstehenden Rechtsstreit nicht behandelt, und nicht nur begünstigt, wer als Staatsanwalt einen Straftäter nicht verfolgt, sondern ebenso, wer als Richter tätig ein falsches Urteil fällt und wer als Staatsanwalt tätig mit falschen Gründen die Aufhebung eines Haftbefehls gegen einen Straftäter erwirkt.

69 SCHULTZ, Amtswalterunterlassen, 1984.

70 Beides sprengt den negativen Status; trotzdem gehört es, zumindest der Form nach, ins abstrakte Recht, weil es Bedingung jeder konkreten Gesellschaft ist, sofern diese überhaupt Recht kennt.

71 BINDING, Lehrbuch des gemeinen deutschen Strafrechts, Bd. 2, 2. Abteilung, 1905, S. 561; SPENDEL in: JESCHECK u. a. (Hrsg.), Strafgesetzbuch. Leipziger Kommentar, 10. Auflage, 1988, § 336 Rdn. 54.

Die in Rede stehenden Delikte, sie heißen Pflichtdelikte[72], werden gerade dadurch gekennzeichnet, daß der Täter nicht durch freie Organisation den Umfang seiner Pflichten bestimmt, sondern daß ihm seine Pflichten aufgrund des Status, den er innerhalb der betreffenden Institution, etwa der Justiz, innehat, zugeordnet werden[73]: Er hat die Pflicht, den Bestand der Institution zu garantieren, und im Begriff der Pflicht sind Verbote mit Geboten gebündelt.

Es lassen sich hier nicht alle genuin staatlichen Pflichten nennen, die durch die Amtswalter des Staats wahrzunehmen sind, aber es soll doch erwähnt werden, daß der Staat die Aufgabe hat, für äußere und innere Sicherheit zu sorgen, und zwar nicht nur kraft der Organisation eines Gewaltmonopols, gleichsam als dessen Synallagma, sondern kraft der Selbstdefinition als Staat; löst er das Monopol auf, so löst er sich selbst auf. Weiterhin hat ein Rechtsstaat die Gesetzesgebundenheit der Verwaltung zu garantieren, ein Leistungsstaat zumindest die elementare Grundversorgung[74], und der Staat einer technisch saturierten Gesellschaft Rücksicht auf die Umwelt.

3. Eltern-Kind-Verhältnis; besonderes Vertrauen

Schwieriger als bei den genuin staatlichen, also den aus der Institution „Staat" herzuleitenden Pflichten verhält es sich bei solchen Pflichten, die den Bürger nicht als staatsvertretenden Amtswalter, sondern unmittelbar als Inhaber eines Status innerhalb einer Institution treffen: etwa als Mutter oder Vater, als Ehepartner etc. Unbestritten ist in diesem Bereich nichts. Immerhin besteht im Ergebnis – nicht in der Begründung – noch Einigkeit über die Pflicht der Eltern zur umfassenden Sorge für ihre Kinder[75] (im Fall der nichtehelichen Kinder als Pflicht allein der Mutter), was wiederum Verbote wie Gebote umfaßt. Aber jenseits dieses Prototyps einer auf gemeinsame Welt gerichteten, also positiven Beziehung hört die Sicherheit auf. Die noch vor einer Generation einigermaßen selbstverständlichen Pflichten aus einer ehelichen Verbindung haben ihre Sicherheit verloren, seitdem die Ehe mit Billigung des Rechts als ein – wenn auch unter Beachtung von Fristen – lösbares Band verstanden wird. Ganz falsch ist es freilich – das wurde bereits

[72] Erstmals entwickelt von ROXIN, Täterschaft und Tatherrschaft, 1963 (6. Auflage, 1994), S. 352ff.

[73] Deshalb läßt sich bei diesen Delikten auch nicht zwischen Beteiligungsformen differenzieren; ROXIN (Fn. 72) S. 352ff, 459ff; JAKOBS (Fn. 51) 21/115ff. – Zur Bedeutung dieser Konsequenz bei Begehung siehe Fn. 77 (zu a).

[74] Einzelheiten mit Nachweisen bei JAKOBS (Fn. 51) 29/74ff.

[75] So selbst GALLAS (Fn. 52) S. 92, der das bedeutendste Konzept einer nur auf Organisation abstellenden strafrechtlichen Pflichtenlehre entwickelt hat.

angedeutet –, bei der Begründung einer Pflicht das eheliche Band durch das der „engen Lebensgemeinschaft" substituieren zu wollen: Lebensgemeinschaften mögen insoweit sozial nützlich wirken, als sie Personen ein soziales Refugium bieten; aber da sie nicht rechtlich geprägt werden, sondern nach Willkür ausgestaltet werden können, tragen sie schon deshalb nichts zu einer bestimmten gesellschaftlichen Identität bei (und daß Freiheit zur Willkür die Identität bestimmt, gehört schon zur Organisationszuständigkeit).

Damit ist es nicht ausgeschlossen, unabhängig von der Ehe oder Lebensgemeinschaft, in bestimmten Fällen das Vertrauen in Rollenkonstanz strafrechtlich zu schützen, also ein *venire contra factum proprium*, jedenfalls ein solches zur Unzeit, bei Strafe zu verbieten, was zugleich heißt, rollenkonformes Verhalten zu gebieten[76]. So wird etwa die freiwillige Feuerwehr eines Dorfes, die sich zuvor als solche geriert hat und anerkannt wurde, ihre Rolle als Retter nicht gerade dann aufgeben dürfen, wenn es brennt, und zwar unabhängig davon, ob ohne ihr Verhalten ein anderweitiger Brandschutz installiert worden wäre (also ohne die Möglichkeit, zur Haftung auf Übernahme – Organisation – zurückzugreifen). Dementsprechend wird auch ein Arzt jedenfalls diejenigen Patienten behandeln müssen, die er angenommen hat, dies wiederum ohne Blick darauf, ob die Patienten die Chance gehabt hätten, von einem anderen Arzt angenommen zu werden. Daß innerhalb dieses „besonderen Vertrauens" und auch anderer „besonderer Rechtsgründe" Einzelheiten höchst streitig sind, sollte nicht verwundern: In einer Gesellschaft mit individualistisch-hedonistischen Zügen verflüchtigen sich alle sozialen Institutionen jenseits der Organisationszuständigkeit (als des negativen Status) und jenseits der Zuständigkeit des Staates.

Bei aller Vagheit reicht dieser Blick auf die „besonderen Gründe" wohl hin, um die Besonderheiten des positiven Status gegenüber dem negativen Status darzutun und gleichfalls zu zeigen, daß die Besonderheiten nichts mit einer Scheidung von Tätigkeiten und Unterlassungen zu tun haben. Damit steht fest, daß diese Scheidung überhaupt, bei den negativen wie bei den positiven Beziehungen, nur die Technik betrifft, mit der ein Verpflichteter seinen Pflichten nachzukommen hat, also Fragen von durchaus sekundärer Bedeutung. Die

[76] JAKOBS (Fn. 51) 29/67ff; – das Institut wird in der Lehre selten entwickelt, sondern innerhalb verwandter Institute (Übernahme, „enge Lebensgemeinschaft") behandelt. – ISENSEE (Bonn) fragte in der Diskussion, ob denn die Ehe immerhin noch Pflichten generiere, solange sie bestehe. Geht es beim Bestand nur um das förmliche Band, so dürfte das zu verneinen sein. Beispielhaft gesprochen: Ehepartner, die längere Zeit getrennte Wege gegangen sind, werden sich in Not kaum auf die – von ihnen nicht mehr gelebte und deshalb nur-förmliche – Beziehung berufen können. Solange die Form aber ausgefüllt wird, produziert das Sich-aufeinander-Einlassen Pflichten, ohne daß es dabei auf Förmliches ankommen müßte.

Grundfragen – Was ist der eigenen Organisation zuzuschlagen und was derjenigen eines anderen? Welche Institution generiert strafrechtlich gesicherte Pflichten zur Gestaltung einer gemeinsamen Welt? – diese primären Fragen hängen mit der Trennung von Tun und Unterlassen nicht zusammen, betreffen vielmehr jeweils beides, und die Form der Norm – Verbot oder Gebot – hängt von der zufälligen Ausgestaltung der Organisation der Adressaten ab.

III. Die Einheitlichkeit der Begründung und Begrenzung von Verboten und Geboten

Es geht bei Tun wie Unterlassen um dieselbe Organisationszuständigkeit oder um denselben „besonderen Rechtsgrund", letztlich um dieselbe unverzichtbare Institution, und deshalb wird hier eine völlige Kongruenz[77] der

[77] Es handelt sich dabei nicht um mehr oder weniger große Ähnlichkeit, sondern um völlige Gleichheit der Haftungsbegründung. Dies sei zu einigen Grenzfragen verdeutlicht:

(a) Soweit es um Pflichten zur Herstellung einer – zumindest partiell – gemeinsamen Welt geht, also um eine positive Beziehung, trifft die Pflicht stets höchstpersönlich und nicht etwa vermittelt über Arbeitsteilung mit einem anderen; ihre Verletzung führt deshalb zu täterschaftlicher Haftung („Pflichtdelikt", siehe Fn. 72). Teilnahme des Pflichtigen kommt auch in Fällen fehlender Tatherrschaft nur in Betracht, wenn ein zur Täterschaft ansonsten erforderliches Moment fehlen sollte. Konsequenterweise sind dann freilich auch Jedermannsdelikte, die von einem in diesem Sinn Pflichtigen begangen werden, zugleich als Pflichtdelikte zu behandeln: Der Pflichtige handelt auch ohne Tatherrschaft als Täter, und zwar beim Unterlassen wie auch bei Tätigkeit. Beispielhaft gesprochen: Der Vater, der die Tötung seines Kindes nicht hindert, haftet als Täter, und ebenso haftet er, wenn er dazu beihilft (JAKOBS, Fn. 51, 21/118). Es wäre ja auch seltsam, wenn die Pflicht, für das Vermögen zu sorgen, bei jedem Angriff zur Täterstrafe führen würde (§ 266 StGB), nicht aber diejenige zur Sorge für die Person.

(b) Im Bereich der Organisationszuständigkeit, also der negativen Beziehung, entsprechen die Sicherungspflichten den Grundfällen der Tätigkeit, wie oben dargelegt wurde. Die Erweiterung auf Rettungspflichten bei Unterlassungen findet im Bereich der Tätigkeit ihr Gegenstück in dem Verbot, eine an sich erlaubte Tätigkeit zu verrichten, wobei Grund des Verbots – wie des Gebots im Unterlassungsbereich – insbesondere ein bestimmtes Vorverhalten sein mag. Wiederum beispielhaft gesprochen: Rempelt jemand eine alte Person so rücksichtslos an, daß diese zu stürzen droht, so darf er seine Hand, nach der das Opfer Halt suchend greift, nicht wegziehen (Verbot!); er müßte sie ja auch hinreichen, wenn sie sich nicht schon in dieser Lage befände. Beides, Wegziehen wie Nicht-Bereitstellen, führt, wenn er sich versagt, zu einem Verletzungsdelikt, obgleich jeder Unbeteiligte seine Organisation nur im Rahmen der Pflichten aus „unterlassener" Hilfeleistung zugunsten des Opfers belassen oder gestalten müßte. Der Streit um die Grenzen der Ingerenzhaftung ist also auch ein Streit um die Begehungshaftung! – Auch durch Übernahme läßt sich der Rahmen der Verbote erweitern. Abermals beispielhaft: Wer es übernommen hat, den bissigen Hund seines Nachbarn zu hüten, darf seine Wohnungstür nicht öffnen (Verbot!), wenn das Tier entweichen könnte, obgleich er ohne die Übernahme, etwa wenn sich das Tier in der Wohnung verirrt hätte, nach Belieben öffnen dürfte, allenfalls wieder beschränkt durch die Norm gegen „unterlassene" Hilfeleistung. Zum Ganzen JAKOBS, La competencia por organización en el delito omisivo, Bogotá 1994, S. 20ff, 32f.

Haftung für Tun mit derjenigen für Unterlassen behauptet[78]. Einen Verlauf, der, weil erlaubt riskant, tätig ins Werk gesetzt werden darf, muß niemand revozieren, wenn er ohne sein Zutun aus seinem Organisationskreis zu dringen droht. Oder: Wenn das Opfer wegen seiner Anfälligkeit mit einer bestimmten Gestalt seiner Umwelt selbst fertig werden, seinen Schaden also als Unglück akzeptieren muß, zählt es gleich, ob ein anderer diese Gestalt tätig bewirkt oder es aber unterlassen hat, sie zu ändern; jedenfalls haftet der andere nicht. Oder: Wer aus „besonderem Rechtsgrund" einem anderen mit den Mitteln der eigenen Organisation helfen muß, darf den anderen von diesen Mitteln auch nicht tätig abschneiden, obgleich es jede dritte Person verhindern dürfte, daß sich jemand aus ihren Subsidien versorgt; ob also, wer einen Hungernden aus besonderem Grund zu ernähren hat, den Brotkorb nicht wegschließen darf oder den weggeschlossenen Korb tätig herbeischaffen muß, ist keine Frage des Pflichtgrundes, sondern eine solche des zufälligen Stands der äußeren Dinge.

Zum Abschluß sollen die Konsequenzen dieser Kongruenz noch an drei einigermaßen aktuellen, selbst oder doch wegen der aus ihnen zu ziehenden Konsequenzen praktisch wichtigen und sämtlich umstrittenen Fälle verdeutlicht werden.

Erstens: Ein Patient hat nur noch solchermaßen reduzierte Lebenserwartungen, insbesondere auch, was die Art des verbleibenden Lebens betrifft, daß der ihn behandelnde Arzt nicht verpflichtet ist, intensivmedizinische Maßnahmen, etwa mit Hilfe einer Herz-Lungen-Maschine oder eines Respirators, einzuleiten. Darf er bei einem solchen Befund zuvor eingeleitete Maßnahmen tätig

[78] FREUND (Fn. 51) S. 51ff, 88ff; TIMPE, Strafmilderungen des Allgemeinen Teils des StGB und das Doppelverwertungsverbot, 1983, S. 171ff; VOGEL, Norm und Pflicht bei den unechten Unterlassungsdelikten, 1993, S. 354ff, 358ff, siehe aber auch S. 373f; JAKOBS (Fn. 51) 7/71. – Kritisch SCHÜNEMANN in: Dogmatik (Fn. 64) S. 49ff, 50ff (zu FREUND und JAKOBS), 58ff (zu VOGEL). – In der Diskussion wies ISENSEE (Bonn) auf die unterschiedliche Behandlung von Streik (als „der Idee nach Unterlassung der Arbeit") und aktivem Boykott hin. Das Beispiel dürfte insbesondere wegen der Grenzen der „Idee" erhellend wirken: Durch die Nichtleistung von Arbeit – auch wenn das Verhalten einer Arbeitspflicht zuwiderlaufen sollte – kehren die Personen(-gruppen) in eine rein negative Beziehung zurück, falls nur die Rolle als Vertragspartner gebrochen wird. Soweit aber die Bewahrung von Gütern zur Rolle gehört, ist Streik unzulässig; denn es würden ansonsten nicht nur die Chancen, sondern der Bestand des Bestreikten beeinträchtigt. Beispielhaft: Kein Chauffeur darf mit einem Streik beginnen, wenn er sein Fahrzeug gestartet hat (er muß also, will er sich legal verhalten, etwas tun: anhalten); überhaupt sind bestandsnotwendige Arbeiten (Heizung, Bewachung) so vom Streik ausgenommen, wie bei übernommenen, genuin bestandsnotwendigen Tätigkeiten (Notdienste) Streik als bloße Rückkehr in den Zustand isolierter Personen unmöglich ist. Dementsprechend wertet die Rechtsprechung einen Streik, der mit der Rechtlichkeit der Beziehungen zwischen Personen unverträglich ist („chaotische Zustände" durch „Massen- und Generalstreik"), als Gewalt (BGH 8, S. 102ff). Im Ergebnis entscheidet also auch beim Streik nicht das Unterlassen *per se*, sondern der Umfang der Zuständigkeit dessen, der unterläßt.

abbrechen? – Zur Entscheidung kommt es darauf an, zu wessen Organisationskreis die Intensivbehandlung gehört. Handelt es sich um den Kreis des Patienten, so hat der Arzt gewiß kein Recht, das, was anfällig organisiert ist, noch anfälliger zu gestalten; denn es ist ja gerade der Inhalt einer Organisationszuständigkeit, fremde Organisation nicht stören zu dürfen. So darf kein Arzt – wie auch völlig außer Streit steht – einen implantierten Herzschrittmacher, eine implantierte Herzklappe oder einen Gelenkersatz eigenmächtig außer Betrieb setzen. Eine Zuordnung zum Organisationskreis des Patienten kommt freilich nur bei Geräten in Betracht, die – jedenfalls für einige Zeit – von diesem unabhängig vom Arzt genutzt werden können, so daß der Arzt von der Organisation der Geräte ausgeschlossen werden kann. Solches ist aber bei einer intensivmedizinischen Maßnahme gerade nicht der Fall; soweit sie eine Zeitlang selbsttätig abläuft, hat der Arzt zwar aktuell nichts zu tun, aber der Patient kann auch nicht seinerseits unabhängig vom Arzt organisieren, vielmehr fällt jede erforderliche Organisation, einschließlich der dauernden Überwachung, selbstverständlich dem Arzt und seinem Hilfspersonal als Aufgabe zu. Geht es also um den Organisationskreis des Arztes und ist dieser wegen des Zustands des Patienten nicht zu einer helfenden Organisation verpflichtet, so ist irrelevant, wie der Binnenstand des Organisationskreises ausfällt. Es ist Zufall, ob gerade eine Tätigkeit ansteht oder der Automatismus der Geräte noch funktioniert. Von Zufälligkeiten hängt es aber nicht ab, wie ein Patient zu versorgen ist; also darf der Arzt[79] eine eingeleitete Maßnahme dann tätig stoppen, wenn er sie, liefe sie nicht schon selbsttätig, nicht erst beginnen müßte.

Die Entscheidung ist sehr streitig[80]. Soweit das auch hier gewonnene Ergebnis mit den Argumenten verteidigt wird, die Geräte seien der verlängerte Arm des Arztes und deshalb gehe es bei deren Betriebsende um ein Unterlassen oder aber es gehe „wertungsmäßig" um Unterlassen, so handelt es sich bestensfalls um Bilder und Ahnungen, mit deren Hilfe die Richtung, nicht aber der Weg einer Lösung angedeutet wird. Mit der Einsicht, daß Tun und Unterlassen *beide* Organisationen sind und daß deshalb die Begründung der jeweiligen Pflicht identisch ist[81], werden solche Vagheiten überflüssig.

[79] Zum Behandlungsabbruch durch Angehörige mit (mutmaßlicher) Einwilligung des Patienten und durch unbefugte dritte Personen siehe JAKOBS (Fn. 51) 7/Fn. 111 mit Nachweisen.

[80] Nachweise bei HIRSCH in: KÜPER u. a. (Hrsg.), Festschrift für Lackner, 1987, S. 597ff, 605f; KÜPPER, Grenzen der normativierenden Strafrechtsdogmatik, 1990, S. 81f; JAKOBS (Fn. 51) 7/64 mit Fn. 110; siehe auch BIRNBACHER (Fn. 21) S. 337ff.

[81] Der Pflichtbegründung beim Gebot entspricht die objektive Zurechenbarkeit beim Verbot (dagegen freilich HIRSCH und KÜPPER, Fn. 80, „Sonderproblem", „Besonderheit"). – Deshalb ist auch Tötung auf Verlangen durch Unterlassen möglich; JAKOBS in: SCHÜTZ u. a. (Hrsg.), Festschrift für Schewe, 1991, S. 72ff.

Der *zweitens* anzuführende Fall ist nur eine – freilich groteske – Variante des ersten Falls: THOMSON[82] hat im Rahmen der Abtreibungsdebatte folgendes mittlerweile viel diskutierte Szenarium entworfen: Irgendeine gesunde Person wird gegen ihren Willen solchermaßen körperlich mit einer kranken Person – im Beispiel mit einem begnadeten Geigenspieler – verbunden, daß sie diese Person, die ihrerseits das Arrangement so wenig zu vertreten hat wie sie selbst, durch ihre Körperfunktionen mit erhält und ihren Tod verursacht, wenn sie eine Trennung herbeiführt. Die kranke Person lebt also von der Verbindung mit der gesunden, die sich ihrerseits auf das Leben eines Versorgungsorganismus reduziert findet. Das Beispiel zeigt drastisch, wie ein Verbot, nämlich das Verbot der Trennung der Verbindungen, als Pflicht zur Solidarität wirken würde, und deshalb läßt sich ein solches Verbot von einem liberalen Ansatz aus nicht begründen, wie sich ja auch die Pflicht, sich für eine noch zu arrangierende Verbindung verfügbar zu halten, vom genannten Ansatz aus nicht begründbar wäre, jedenfalls nicht bei ansonsten drohender Strafe wegen Tötung des Kranken.

Eine andere Frage ist es, was dieses Beispiel für das Abtreibungsverbot hergibt. Es soll demonstrieren, daß zur „ursprünglichen Verpflichtung" einer schwangeren Frau keine Rücksicht auf ihre Leibesfrucht gehört. Aber gewiß ist die Sicht, die Leibesfrucht schmarotze an der Organisation der Schwangeren, ebenso nur *eine* Sicht wie die traditionelle, die Schwangere habe – jedenfalls nach nicht aufgezwungenem Geschlechtsverkehr – mit der Schwangerschaft Teile ihrer Organisation zugunsten der Leibesfrucht verloren, und selbst wenn die erstgenannte Sicht verbindlich zu sein hätte, wäre über einen „besonderen Rechtsgrund" zur Leistung („Mutterschaft"?) nichts ausgemacht. Das Beispiel lehrt also nur eines, dies freilich deutlich, daß nämlich bei liberalem Verständnis ein faktisch schädigendes Tun nicht auch stets einem Verletzungsverbot zuwiderlaufen muß[83].

[82] In: LEIST (Hrsg.), Um Leben und Tod, 1990, S. 107ff, 108f; erste Fassung in: Philosophy and Public Affairs 1 (Princeton 1971), S. 47ff, 48f; weitere Literatur bei BERNSMANN JuS 1994, S. 9ff Fn. 6; siehe auch STEINVORTH, Klassische und moderne Ethik, 1990, S. 180ff; aus rechtswissenschaftlicher Sicht zuletzt UNBERATH in: BYRD u. a. (Hrsg.), Jahrbuch für Recht und Ethik, Bd. 3 (1995), S. 437ff.

[83] Mangels eines – mehr als äußerlichen – Unterschieds zwischen der strafrechtlichen Behandlung von Tätigkeit und derjenigen von Unterlassen läßt sich auch hier durch einen Wechsel des Blicks von einer Verhaltensgestalt auf die andere keine Erkenntnis gewinnen (*a. A.*, mit einer Option für Unterlassung im Fall der Abtreibung, BERNSMANN, Fn. 82, S. 13). Die Problematik wird auch nicht vollständig durch die Entgegensetzung von einerseits einer „simply omission of an action" oder „an omission of maternal support" und andererseits einer „deliberate action taken against the life of the unborn child" beschrieben (so aber BARRY, Medical Ethics Essays on Abortion and Euthanasia, New York 1989, S. 40, 46 und passim; ähnlich FINNIS in: Philosophy and Public Affairs 2, Princeton 1972, S. 117ff, 124 mit der Unterscheidung von „not

Der *dritte* Fall soll einen Gewissenstäter betreffen, der etwa für den Tod eines anderen Menschen verantwortlich ist. Es wird behauptet, für das Maß seiner Schuld sei zwischen Tun und Unterlassen zu unterscheiden; Unterlassen sei eher entschuldbar oder wirke doch stärker schuldmindernd als Tun[84], wobei ein von soziologischer Seite vorgebrachtes Argument lautet, die Gesellschaft könne sich auf den „Ausfall von Leistungen" besser einstellen als auf „aggressives rechtswidriges Tun"[85] (was sich auf sämtliche Fälle von Zumutbarkeitserschwerungen übertragen ließe[86]). Nun mag in der Tat die Gesellschaft eher damit fertig werden, daß ein sektiererischer Vater sein von einem Blitz getroffenes Kind nach diesem vermeintlichen Machtwort Gottes nicht ins Krankenhaus bringt, was dessen sicheren Tod bedeutet, als wenn er das stigmatisierte Kind kurzerhand erschlägt, aber mit einem Vergleich dieser beiden Fälle läßt sich der notwendige Beweis nicht führen; denn im Fall des Unterlassens verletzt der Vater die Pflicht, die zum Eltern-Kind-Verhältnis gehört, im Fall der Tätigkeit hingegen sowohl diese Pflicht als auch die Jedermannspflicht aus Organisationszuständigkeit, und letztere ist gegen Aufweichungen durch Berücksichtigung von Gewissensgründen resistent: Wer den anderen – aus welchen Gründen auch immer, es mögen auch Gewissensgründe sein – nicht einmal als Person zur Kenntnis nimmt, leugnet die Grundbedingungen von Gesellschaftlichkeit, und eine Gesellschaft, die subjektive Antriebe zu solchem Verhalten honorieren würde, und sei es durch Nachsicht, gäbe sich selbst auf. Die Organisationszuständigkeit – die negative Beziehung – als Basis schlechthin jeder rechtlichen Verfassung läßt deshalb auch bei Unterlassungen keine Berücksichtigung von Gewissensgründen zu. Ein Autofahrer muß bremsen, wenn das erforderlich ist, und ein Gewissensgrund, stattdessen etwa still zu beten, läßt sich als krasses *venire contra factum proprium* – er hat das Auto zuvor in Gang gesetzt – nicht mildernd einbringen[87].

Aber auch bei den über eine negative Beziehung hinausgehenden institutionellen Pflichten – bei positiver Beziehung – scheidet in den Grundfällen eine

keeping another person alive" und „direct killing"). Dazwischen liegt die von THOMSON offenbar gemeinte *Tätigkeit,* die als berechtigte Binnenorganisation zu verstehen ist und deren externe Folgen deshalb nicht zu verantworten, vielmehr anderen Erklärungsgründen, hier: der Anfälligkeit des Opfers, zuzuschlagen sind.

84 SCHULTE und TRÄGER in: KRÜGER-NIELAND (Hrsg.in), 25 Jahre Bundesgerichtshof, 1975, S. 251ff, 263f; PETERS in: GEERDS u. a. (Hrsg.), Festschrift für H. Mayer, 1966, S. 257f, 274f.

85 LUHMANN, AöR 90, S. 257ff, 282f.

86 So HIRSCH in: JÄHNKE u. a. (Hrsg.), Strafgesetzbuch. Leipziger Kommentar, 11. Auflage, 16. Lieferung, 1994, Rdn. 205 vor § 32 mit Nachweisen.

87 Wenn sich die Genese der Gewissensentscheidung auf andere Personen verlagern läßt, mag *das* einen Grund zur Dekulpation abgeben; dazu JAKOBS (Fn. 51) 20/25.

Milderung aus. Die einschlägigen Institutionen sind gesellschaftlich unverzichtbar, und deshalb kann es gegen ihre hauptsächliche Gestalt keine gesellschaftlich relevanten Gegengründe geben. So wäre im oben genannten Beispiel der Vater gewiß nicht zu dekulpieren, wenn er sein Kind nach dem Blitzschlag nicht mehr ernährt hätte, und Eltern, die meinen, aus Gewissensgründen überhaupt keine ärztliche Versorgung ihrer Kinder verantworten zu können, spielen nicht mehr die Rolle „Eltern", leugnen also die Institution der Hauptsache nach und können damit allein keine Nachsicht finden[88]. Nur wenn die Inkompatibilität von Gewissen und Institution deren seltene Randfälle betrifft, wenn also die zugehörige Rolle hauptsächlich ausgefüllt wird, läßt sich argumentieren, das Recht könne, wenn es schon von einem festen Bestand „innerer" Normen profitiere, einzelne Fehler beim Aufbau dieser Normen als unvermeidbare Irrläufer akzeptieren, quasi als unglückliche Folge des nun einmal notwendigen erlaubten Risikos bei der Rechtsverinnerlichung[89].

Die hierbei wiederum erforderliche Gleichbehandlung von Tun und Unterlassen läßt sich verdeutlichen, wenn der oben geschilderte Fall so gebildet wird, daß dem Vater ein Tun nur aufgrund seiner besonderen Rolle verboten ist: Das Tun ist so ausgestaltet, daß es für jedermann erlaubt (jedenfalls nicht bei Strafe des Totschlags verboten) wäre, während es für den Vater wegen des „besonderen Rechtsgrundes" in seiner Person verboten ist. Man hat sich also ein völlig sozialadäquates Tun vorzustellen, das jedermann auch in solcher Lage vornehmen dürfte, das freilich dem Sonderpflichtigen verboten ist, etwa das übliche Abschließen der Haustür, was dann freilich bewirkt, daß einer dritten Person ein sonst stattfindender, erfolgreicher telefonischer Rettungsruf unmöglich gemacht wird, oder die Beauftragung eines Angestellten zu einem Geschäftsgang, aufgrund dessen dieser allerdings vom Unglück nichts erfährt und demgemäß auch nicht seinerseits retten kann, was ohne den Auftrag gewiß der Fall gewesen wäre. Solche Fallgestaltungen mögen hergeholt scheinen, aber jedenfalls ist bei den genannten Tätigkeiten kein Unterschied zum Unterlassen mehr zu finden[90]; insbesondere wäre es unangebracht, ein solches Tun als „aggressives Verhalten" gegen ein (trotz Pflichtwidrigkeit friedliches?) Unterlassen auszuspielen[91]. Entsprechend verhält es sich, wenn ein gegen sein

[88] Zur Verlagerung wegen der Zuständigkeit eines anderen für die Genese des Konflikts (Fn. 87) kommt hier das Handeln auf eigenes Risiko hinzu: Wer einen Partner heiratet, der alle Schulmedizin für Teufelswerk hält, kann wohl nicht mit vollem strafrechtlichem Nachdruck beanspruchen, daß dieser im Notfall schulmedizinische Hilfe herbeischafft.

[89] JAKOBS (Fn. 51) 20/24.

[90] Im Ergebnis überwiegend wie hier RUDOLPHI in: STRATENWERTH u. a. (Hrsg.), Festschrift für Welzel, 1974, S. 605ff, 628f; wohl auch ROXIN in: ARTHUR KAUFMANN u. a. (Hrsg.), Festschrift für Maihofer, 1988, S. 389ff, 393f.

[91] Siehe oben zu Fn. 85.

Gewissen zum Wehrdienst Verpflichteter einerseits die Truppe verläßt oder andererseits aus dem Urlaub nicht mehr zurückkehrt, oder wenn eine Krankenschwester auf den dringenden Wunsch eines in schwerster Weise leidenden Patienten – aber, da auf seinen Wunsch, ohne Verletzung seiner Personalität – einerseits ein Fenster mit der Folge öffnet, daß die eindringende Kälte den Patienten tötet, oder andererseits das zu kurzer Lüftung geöffnete Fenster nicht bald wieder schließt. – Sind die jeweiligen Verpflichtungsgründe identisch, so ist es auch die rechtliche Konsequenz der Gewissenhaftigkeit des Verhaltens; mit anderen Worten, die maßgebliche Grenze verläuft wiederum nicht zwischen Tun und Unterlassen, sondern zwischen einerseits solchem gewissenhaften Verhalten, das die Personalität des anderen hauptsächlich respektiert, und andererseits hauptsächlicher Respektlosigkeit.

Im Ergebnis hat die Arbeit, die Tätigkeit, ihre Stellung als Schlüsselbegriff der strafrechtlichen Zurechnungslehre ebenso verloren, wie das sinnenfällige *corpus delicti* längst der abstrakten Tatbestandsverwirklichung gewichen ist; und der Schnitt, der liberale Normen von illiberalen scheidet, trennt nicht Tun und Unterlassen, sondern verläuft durch Tun und durch Unterlassen. Zwar wirkt die Bevorzugung der Verbote bei KANT, FRIES, FEUERBACH und HEGEL (soweit das abstrakte Recht betroffen ist) bis in die Gegenwart nach, wie die von nicht wenigen Autoren noch eifrig betriebene Suche nach einer naturalistischen Tätigkeitsähnlichkeit der Unterlassung zeigt, aber systematische Lösungen lassen sich so nicht gewinnen. Der Schlüsselbegriff heißt „Zuständigkeit"[92], sei es eine Zuständigkeit wegen des negativen Status – die Pflicht,

[92] Es geht also um einen *normativen* Ansatz; deshalb läßt sich eine Lösung nicht gewinnen, indem Tun und Unterlassen im Grundsatz gleichgestellt und dann nach naturalistischen Kriterien („Bedrohlichkeit", „Aufwand für Akteur" u. ä., BIRNBACHER, Fn. 21, S. 133ff, 200ff) gewichtet werden. In einer normativ leeren Welt gibt es weder Verantwortung für Tun noch für Unterlassen, auf „Bedrohlichkeit" oder „Aufwand" kommt es also nicht an. Mit einer normativen Ordnung liegt dann freilich auch fest, was als bedrohlich oder aufwendig gelten *darf*. – In der Diskussion fragte W. LÜBBE (Konstanz) nach der Differenz zwischen dem hiesigen und einem äquivalenztheoretischen Ansatz. Letzterer baue auf der „moralischen Irrelevanz des Unterschieds" (vom Tun und Unterlassen) auf und gelange so zu einer „zurechnungspraktischen Gleichbehandlung der Folgen aus Tun und der Folgen aus Unterlassen", etwa einer Tötung durch Tun und eines Sterbenlassens. Wolle man dem nicht folgen, bleibe nur die Möglichkeit eines Rückgriffs auf den Unterschied von Aktivität und Passivität, der sich vielleicht dadurch rechtfertigen lasse, daß „man eine Organisationszuständigkeit für Gegenstände der äußeren Welt über den eigenen Körper hinaus nur durch Tun und nicht durch Unterlassen" erwerbe. Dies möge zwar „ganz streng nur für liberale Gesellschaften" gelten; da freilich immerhin bei diesen „die Relevanz der Unterscheidung" schon „im liberalen Ansatz" stecke, könne sie innerhalb dessen nicht „überwunden" werden. – Dem ist insoweit zuzustimmen, als es hier darum geht, die Konsequenzen eines liberalen Ansatzes darzulegen. Zu einem solchen normativen Beginn gibt es keine prinzipielle Alternative; denn erst mit zumindest *einer* Norm hebt Gesellschaft an. In einem Zurechnungszusammenhang ist also eine naturalistisch bestimmte

andere nicht zu verletzen –, sei es diejenige wegen eines positiven Status – die Pflicht zu einer ganz oder ausschnittsweise gemeinsamen Weltgestaltung. Die Trennung von Tun und Unterlassen betrifft die nachrangige technische Frage, wie, ausgehend vom aktuellen – zufälligen – Stand, zu organisieren ist, um der Pflicht zu genügen. Die Gestalt der Gesellschaft[93] kristallisiert aber nicht in solchen Naturalismen (Tun/Unterlassen) oder gesellschaftsfern gefundenen sachlogischen Strukturen, sondern in Institutionen (negativer Status/positiver Status).

Äquivalenz ein nichtssagendes Datum. Eine andere, hier nicht behandelte Frage ist es, ob jemand in einer liberal verfaßten Gesellschaft überhaupt ohne jedes Tun zu einer vollen (Rechtswirkungen erzeugenden) Person werden kann; dies dürfte – selbst für den eigenen Körper als Organisationskreis der Person – nicht der Fall sein, aber, so ist zu ergänzen, auch nicht ohne Unterlassen. Wer die Bedeutung jedes Tuns durch ein anderes Tun revoziert (wer die bearbeitete Sache wegwirft) oder auch nur unkoordiniert handelt, steht wie ein anderer, der überhaupt nichts tut. Auch muß nicht zumindest am Anfang ein Tun stehen (und zwar nicht, soweit eine vorhandene Organisation selbständig akquiriert, oder auch im Erbfall), wenn es auch meist der Fall sein wird (darauf beruht die Plausibilität der Arbeitstheorie des Eigentums, siehe Fn. 1). Aber selbst wenn dem anders wäre, stünde das Tun praktisch, nicht jedoch dem Begriff nach am Anfang (normativ gibt es keine Präferenz für Tun), und zudem bliebe es dabei, daß auch bei einer extrem liberalen, also auf Organisationszuständigkeit beschränkten gesellschaftlichen Verfassung für diejenigen, die dann – unterstellt: durch Tun – Personen sind, nicht alle Verbote legitim und nicht alle Gebote illegitim wären.

93 In der Diskussion rügten GROSSFELD (Münster) die Abstraktheit der hiesigen Ausführungen („Das Bild des individuellen Menschen verschwindet.") und SIEP (Münster) die Beschränkung auf die „interne Logik" eines gesellschaftlichen Modells unter Vernachlässigung des „menschlichen Selbstverständnisses" und der „Vorstellungen von dem natürlichen Wohl oder eben Nichtwohl von Menschen". Nun können auch solche Ansätze in ein gesellschaftsfunktionales Konzept eingehen: Gewiß verfügt etwa das liberale Modell über ein „Bild" von Individualität und von „Wohl oder eben Nichtwohl", das freilich, soll es verrechtlicht werden, in Normen transformiert werden muß, die sich an *Personen,* also Rollenträger, richten. Dazu eingehender JAKOBS, ZStW 107 (1995), S. 843ff, 849ff, 859ff.

Veröffentlichungen
der Nordrhein-Westfälischen Akademie der Wissenschaften

Neuerscheinungen 1984 bis 1996

Vorträge G *Heft Nr.*		GEISTESWISSENSCHAFTEN
269	*Andreas Kraus, München*	Die *Acta Pacis Westphalicae*
270	*Gerhard Ebeling, Zürich*	Lehre und Leben in Luthers Theologie
271	*Theodor Schieder, Köln*	Über den Beinamen „der Große" – Reflexionen über historische Größe
272	*J. Nicolas Coldstream, London*	The Formation of the Greek Polis: Aristotle and Archaeology
273	*Walter Hinck, Köln*	Das Gedicht als Spiegel der Dichter. Zur Geschichte des deutschen poetologischen Gedichts
274	*Erich Meuthen, Köln*	Das Basler Konzil als Forschungsproblem der europäischen Geschichte
275	*Hansjakob Seiler, Köln*	Sprache und Gegenstand
276	*Gustav Adolf Lehmann, Köln*	Die mykenisch-frühgriechische Welt und der östliche Mittelmeerraum in der Zeit der „Seevölker"-Invasionen um 1200 v. Chr.
277	*Andreas Hillgruber, Köln*	Der Zusammenbruch im Osten 1944/45 als Problem der deutschen Nationalgeschichte und der europäischen Geschichte
278	*Niklas Luhmann, Bielefeld*	Kann die moderne Gesellschaft sich auf ökologische Gefährdungen einstellen?
		Jahresfeier am 15. Mai 1985
279	*Joseph Ratzinger, Rom*	Politik und Erlösung. Zum Verhältnis von Glaube, Rationalität und Irrationalem in der sogenannten Theologie der Befreiung
280	*Hermann Hambloch, Münster*	Der Mensch als Störfaktor im Geosystem
281	*Reinhold Merkelbach, Köln*	Mani und sein Religionssystem
282	*Walter Mettmann, Münster*	Die volkssprachliche apologetische Literatur auf der Iberischen Halbinsel im Mittelalter
283	*Hans-Joachim Klimkeit, Bonn*	Die Begegnung von Christentum, Gnosis und Buddhismus an der Seidenstraße
284	*2. Akademie-Forum*	Technik und Ethik
	Wolfgang Kluxen, Bonn	Ethik für die technische Welt: Probleme und Perspektiven
	Rudolf Schulten, Aachen/Jülich	Maßstäbe aus der Natur für technisches Handeln
285	*Hermann Lübbe, Zürich*	Die Wissenschaften und ihre kulturellen Folgen. Über die Zukunft des *common sense*
286	*Andreas Hillgruber, Köln*	Alliierte Pläne für eine „Neutralisierung" Deutschlands 1945–1955
287	*Otto Pöggeler, Bochum*	Preußische Kulturpolitik im Spiegel von Hegels Ästhetik
288	*Bernhard Großfeld, Münster*	Einige Grundfragen des Internationalen Unternehmensrechts
289	*Reinhold Merkelbach, Köln*	Nikaia in der römischen Kaiserzeit
290	*Werner Besch, Bonn*	Die Entstehung der deutschen Schriftsprache
291	*Heinz Gollwitzer, Münster*	Internationale des Schwertes. Transnationale Beziehungen im Zeitalter der „vaterländischen" Streitkräfte
292	*Bernhard Kötting, Münster*	Die Bewertung der Wiederverheiratung (der zweiten Ehe) in der Antike und in der Frühen Kirche
293	*5. Akademie-Forum*	Technik und Industrie in Kunst und Literatur
	Volker Neuhaus, Köln	Vorwurf Industrie
	Klaus Wolfgang Niemöller, Köln	Industrie, Technik und Elektronik in ihrer Bedeutung für die Musik des 20. Jahrhunderts
	Hans Schadewaldt, Düsseldorf	Technik und Heilkunst
294	*Paul Mikat, Düsseldorf*	Die Polygamiefrage in der frühen Neuzeit
295	*Georg Kauffmann, Münster*	Die Macht des Bildes – Über die Ursachen der Bilderflut in der modernen Welt
		Jahresfeier am 27. Mai 1987
296	*Herbert Wiedemann, Köln*	Organverantwortung und Gesellschafterklagen in der Aktiengesellschaft
297	*Rainer Lengeler, Bonn*	Shakespeares Sonette in deutscher Übersetzung: Stefan George und Paul Celan
298	*Heinz Hürten, Eichstätt*	Der Kapp-Putsch als Wende. Über Rahmenbedingungen der Weimarer Republik seit dem Frühjahr 1920
299	*Dietrich Gerhardt, Hamburg*	Die Zeit und das Wertproblem, dargestellt an den Übertragungen V. A. Žukovskijs

300	*Bernhard Großfeld, Münster*	Unsere Sprache: Die Sicht des Juristen
301	*Otto Pöggeler, Bochum*	Philosophie und Nationalsozialismus – am Beispiel Heideggers
		Jahresfeier am 31. Mai 1989
302	*Friedrich Ohly, Münster*	Metaphern für die Sündenstufen und die Gegenwirkungen der Gnade
303	*Harald Weinrich, München*	Kleine Literaturgeschichte der Heiterkeit
304	*Albrecht Dihle, Heidelberg*	Philosophie als Lebenskunst
305	*Rüdiger Schott, Münster*	Afrikanische Erzählungen als religionsethnologische Quellen, dargestellt am Beispiel von Erzählungen der Bulsa in Nordghana
306	*Hans Rothe, Bonn*	Anton Tschechov oder Die Entartung der Kunst
307	*Arthur Th. Hatto, London*	Eine allgemeine Theorie der Heldenepik
308	*Rudolf Morsey, Speyer*	Die Deutschlandpolitik Adenauers. Alte Thesen und neue Fakten
309	*Joachim Bumke, Köln*	Geschichte der mittelalterlichen Literatur als Aufgabe
310	*Werner Sundermann, Berlin*	Der Sermon von der der Seele. Ein Literaturwerk des östlichen Manichäismus
311	*Bruno Schüller, Münster*	Überlegungen zum ‚Gewissen‘
312	*Karl Dietrich Bracher, Bonn*	Betrachtungen zum Problem der Macht
313	*Klaus Stern, Köln*	Die Wiederherstellung der deutschen Einheit – Retrospektive und Perspektive
		Jahresfeier am 28. Mai 1991
314	*Rainer Lengeler, Bonn*	Shakespeares *Much Ado About Nothing* als Komödie
315	*Jean-Marie Valentin, Paris*	Französischer „Roman comique“ und deutscher Schelmenroman
316	*Nikolaus Himmelmann, Bonn*	Archäologische Forschungen im Akademischen Kunstmuseum der Universität Bonn: Die griechisch-ägyptischen Beziehungen
317	*Walther Heissig, Bonn*	Oralität und Schriftlichkeit mongolischer Spielmanns-Dichtung
318	*Anthony R. Birley, Düsseldorf*	Locus virtutibus patefactus? Zum Beförderungssystem in der Hohen Kaiserzeit
319	*Günther Jakobs, Bonn*	Das Schuldprinzip
320	*Gherardo Gnoli, Rom*	Iran als religiöser Begriff im Mazdaismus
321	*Claus Vogel, Bonn*	Mīramīrāsutas Asālatiprakāśa – Ein synonymisches Wörterbuch des Sanskrit aus der Mitte des 17. Jahrhunderts
322	*Klaus Hildebrand, Bonn*	Die britische Europapolitik zwischen imperialem Mandat und innerer Reform 1856–1876
323	*Paul Mikat, Düsseldorf*	Die Inzestverbote des Dritten Konzils von Orléans (538). Ein Beitrag zur Geschichte des Fränkischen Eherechts
324	*Hans Joachim Hirsch, Köln*	Die Frage der Straffähigkeit von Personenverbänden
325	*Bernhard Großfeld, Münster*	Europäisches Wirtschaftsrecht und Europäische Integration
326	*Nikolaus Himmelmann, Bonn*	Antike zwischen Kommerz und Wissenschaft
		Jahresfeier am 8. Mai 1993
327	*Slavomír Wollman, Prag*	Die Literaturen in der österreichischen Monarchie im 19. Jahrhundert in ihrer Sonderentwicklung
328	*Rainer Lengeler, Bonn*	Literaturgeschichte in Nöten. Überlegungen zur Geschichte der englischen Literatur des 20. Jahrhunderts
329	*Annemarie Schimmel, Bonn*	Das Thema des Weges und der Reise im Islam
330	*Martin Honecker, Bonn*	Die Barmer Theologische Erklärung und ihre Wirkungsgeschichte
331	*Siegmar von Schnurbein, Frankfurt/Main*	Vom Einfluß Roms auf die Germanen
332	*Otto Pöggeler, Bochum*	Ein Ende der Geschichte? Von Hegel zu Fukuyama
333	*Niklas Luhmann, Bielefeld*	Die Realität der Massenmedien
334	*Josef Isensee, Bonn*	Das Volk als Grund der Verfassung
335	*Paul Mikat, Düsseldorf*	Die Judengesetzgebung der fränkisch-merowingischen Konzilien
336	*Bernhard Großfeld, Münster*	Bildhaftes Rechtsdenken. Recht als bejahte Ordnung
337	*Herbert Schambeck, Linz*	Das österreichische Regierungssystem. Ein Verfassungsvergleich
338	*Hans-Joachim Klimkeit, Bonn*	Manichäische Kunst an der Seidenstraße
339	*Ernst Dassmann, Bonn*	Frühchristliche Prophetenexegese
340	*Nikolaus Himmelmann, Bonn*	Sperlonga. Die homerischen Gruppen und ihre Bildquellen
341	*Claus Vogel, Bonn*	Zum Aufbau altindischer Sanskritwörterbücher der vorklassischen Zeit
342	*Hans Joachim Hirsch, Köln*	Rechtsstaatliches Strafrecht und staatlich gesteuertes Unrecht
343	*Hans-Peter Schwarz, Bonn*	Der Ort der Bundesrepublik Deutschland in der deutschen Geschichte
344	*Günther Jakobs, Bonn*	Die strafrechtliche Zurechnung von Tun und Unterlassen
345	*Paul Mikat, Düsseldorf*	Caesarius von Arles und die Juden

ABHANDLUNGEN

Band Nr.

72	*(Sammelband)*	Studien zur Ethnogenese
	Wilhelm E. Mühlmann	Ethnogonie und Ethnogonese
	Walther Heissig	Ethnische Gruppenbildung in Zentralasien im Licht mündlicher und schriftlicher Überlieferung
	Karl J. Narr	Kulturelle Vereinheitlichung und sprachliche Zersplitterung: Ein Beispiel aus dem Südwesten der Vereinigten Staaten
	Harald von Petrikovits	Fragen der Ethnogenese aus der Sicht der römischen Archäologie
	Jürgen Untermann	Ursprache und historische Realität. Der Beitrag der Indogermanistik zu Fragen der Ethnogenese
	Ernst Risch	Die Ausbildung des Griechischen im 2. Jahrtausend v. Chr.
	Werner Conze	Ethnogenese und Nationsbildung – Ostmitteleuropa als Beispiel
74	*Alf Önnerfors, Köln*	Willem Jordaens, *Conflictus virtutum et viciorum.* Mit Einleitung und Kommentar
75	*Herbert Lepper, Aachen*	Die Einheit der Wissenschaften: Der gescheiterte Versuch der Gründung einer „Rheinisch-Westfälischen Akademie der Wissenschaften" in den Jahren 1907 bis 1910
76	*Werner H. Hauss, Münster* *Robert W. Wissler, Chicago* *Jörg Grünwald, Münster*	Fourth Münster International Arteriosclerosis Symposium: Recent Advances in Arteriosclerosis Research
77	*Elmar Edel, Bonn*	Die ägyptisch-hethitische Korrespondenz (2 Bände)
78	*(Sammelband)*	Studien zur Ethnogenese, Band 2
	Rüdiger Schott	Die Ethnogenese von Völkern in Afrika
	Siegfried Herrmann	Israels Frühgeschichte im Spannungsfeld neuer Hypothesen
	Jaroslav Šašel	Der Ostalpenbereich zwischen 550 und 650 n. Chr.
	András Róna-Tas	Ethnogenese und Staatsgründung. Die türkische Komponente bei der Ethnogenese des Ungartums
	Register zu den Bänden 1 (Abh 72) und 2 (Abh 78)	
79	*Hans-Joachim Klimkeit, Bonn*	Hymnen und Gebete der Religion des Lichts. Iranische und türkische Texte der Manichäer Zentralasiens
80	*Friedrich Scholz, Münster*	Die Literaturen des Baltikums. Ihre Entstehung und Entwicklung
81	*Walter Mettmann, Münster (Hrsg.)*	Alfonso de Valladolid, *Ofrenda de Zelos* und *Libro de la Ley*
82	*Werner H. Hauss, Münster* *Robert W. Wissler, Chicago* *H.-J. Bauch, Münster*	Fifth Münster International Arteriosclerosis Symposium: Modern Aspects of the Pathogenesis of Arteriosclerosis
83	*Karin Metzler, Frank Simon, Bochum*	Ariana et Athanasiana. Studien zur Überlieferung und zu philologischen Problemen der Werke des Athanasius von Alexandrien.
84	*Siegfried Reiter / Rudolf Kassel, Köln*	Friedrich August Wolf. Ein Leben in Briefen. Ergänzungsband, I: Die Texte; II: Die Erläuterungen
85	*Walther Heissig, Bonn*	Heldenmärchen versus Heldenepos? Strukturelle Fragen zur Entwicklung altaischer Heldenmärchen
86	*Hans Rothe, Bonn*	*Die Schlucht.* Ivan Gontscharov und der „Realismus" nach Turgenev und vor Dostojevski (1849–1869)
87	*Werner H. Hauss, Münster* *Robert W. Wissler; Chicago* *H.-J. Bauch, Münster*	Sixth Münster International Arteriosclerosis Symposium: New Aspects of Metabolismn and Behaviour of Mesenchymal Cells during the Pathogenesis of Arteriosclerosis
88	*Peter Zieme, Berlin*	Religion und Gesellschaft im Uigurischen Königreich von Qočo
89	*Karl H. Menges, Wien*	Drei Schamanengesänge der Ewenki-Tungusen Nord-Sibiriens
90	*Christel Butterweck, Halle*	Athanasius von Alexandrien: Bibliographie
91	*T. Čertorickaja, Moskau*	Vorläufiger Katalog Kirchenslavischer Homilien des beweglichen Jahreszyklus
92	*Walter Mettmann, Münster (Hrsg.)*	Alfonso de Valladolid, *Mostrador de Justicia*
93	*Werner H. Hauss, Münster* *Robert W. Wissler, Chicago* *Hans-Joachim Bauch, Münster (Eds.)*	Seventh Münster International Arteriosclerosis Symposium: New Pathogenic Aspects of Arteriosclerosis Emphasizing Transplantation Atheroarteritis
94	*Helga Giersiepen, Bonn* *Raymund Kottje, Bonn (Hrsg.)*	Inschriften bis 1300. Probleme und Aufgaben ihrer Erforschung
95	*Walther Heissig, Bonn (Hrsg.)*	Formen und Funktion mündlicher Tradition
97	*Rudolf Schieffer, Münster (Hrsg.)*	Schriftkultur und Reichsverwaltung unter den Karolingern

Sonderreihe PAPYROLOGICA COLONIENSIA

Vol. VII	Kölner Papyri (P. Köln)
Bärbel Kramer und Robert Hübner (Bearb.), Köln	Band 1
Bärbel Kramer und Dieter Hagedorn (Bearb.), Köln	Band 2
Bärbel Kramer, Michael Erler, Dieter Hagedorn und Robert Hübner (Bearb.), Köln	Band 3
Bärbel Kramer, Cornelia Römer und Dieter Hagedorn (Bearb.), Köln	Band 4
Michael Gronewald, Klaus Maresch und Wolfgang Schäfer (Bearb.), Köln	Band 5
Michael Gronewald, Bärbel Kramer, Klaus Maresch, Maryline Parca und Cornelia Römer (Bearb.)	Band 6
Michael Gronewald, Klaus Maresch (Bearb.), Köln	Band 7
Vol. VIII: *Sayed Omar (Bearb.), Kairo*	Das Archiv des Soterichos (P. Soterichos)
Vol. IX	Kölner ägyptische Papyri (P. Köln ägypt.)
Dieter Kurth, Heinz-Josef Thissen und Manfred Weber (Bearb.), Köln	Band 1
Vol. X: *Jeffrey S. Rusten, Cambridge, Mass.*	Dionysius Scytobrachion
Vol. XI: *Wolfram Weiser, Köln*	Katalog der Bithynischen Münzen der Sammlung des Instituts für Altertumskunde der Universität zu Köln Band 1: Nikaia. Mit einer Untersuchung der Prägesysteme und Gegenstempel
Vol. XII: *Colette Sirat, Paris u. a.*	La *Ketouba* de Cologne. Un contrat de mariage juif à Antinoopolis
Vol. XIII: *Peter Frisch, Köln*	Zehn agonistische Papyri
Vol. XIV: *Ludwig Koenen, Ann Arbor Cornelia Römer (Bearb.), Köln*	Der Kölner Mani-Kodex. Über das Werden seines Leibes. Kritische Edition mit Übersetzung.
Vol. XV: *Jaakko Frösen, Helsinki/Athen Dieter Hagedorn, Heidelberg (Bearb.))*	Die verkohlten Papyri aus Bubastos (P. Bub.) Band 1
Vol. XVI: *Robert W. Daniel, Köln Franco Maltomini, Pisa (Bearb.)*	Supplementum Magicum Band 1 Band 2
Vol. XVII: *Reinhold Merkelbach, Maria Totti (Bearb.), Köln*	Abrasax. Ausgewählte Papyri religiösen und magischen Inhalts Band 1 und Band 2: Gebete Band 3: Zwei griechisch-ägyptische Weihezeremonien
Vol. XVIII: *Klaus Maresch, Köln Zola M. Packmann, Pietermaritzburg, Natal (eds.)*	Papyri from the Washington University Collection, St. Louis, Missouri
Vol. XIX: *Robert W. Daniel, Köln (ed.)*	Two Greek Papyri in the National Museum of Antiquities in Leiden
Vol. XX: *Erika Zwierlein-Diehl, Bonn (Bearb.)*	Magische Amulette und andere Gemmen des Instituts für Altertumskunde der Universität zu Köln
Vol. XXI: *Klaus Maresch, Köln*	Nomisma und Nomismatia. Beiträge zur Geldgeschichte Ägyptens im 6. Jahrhundert n. Chr.
Vol. XXII: *Roy Kotansky, Santa Monica, Calif.*	Greek Magical Amulets. The Inscribed Gold, Silver, Copper, and Bronze Lamellae Part 1: Published Texts of Known Provenance
Vol. XXIII: *Wolfram Weiser, Köln*	Katalog ptolemäischer Bronzemünzen der Sammlung des Instituts für Altertumskunde der Universität zu Köln
Vol. XXIV: *Cornelia Eva Römer, Köln*	Manis frühe Missionsreisen nach der Kölner Manibiographie
Vol. XXV: *Klaus Maresch, Köln*	Bronze und Silber. Papyrologische Beiträge zur Geschichte der Währung im ptolemäischen und römischen Ägypten bis zum 2. Jhdt. n. Chr.

Batch number: 10809636

Printed by Printforce, the Netherlands